Fritz Weber

Finde – was dir dein Partner nicht geben kann

W0173528

Finde

was dir dein Partner nicht geben kann

Fritz Weber

||||||||||||||||||||||||||||||||||||||| SILBERSCHNUR ❦ VERLAG

Alle Rechte vorbehalten.
Außer zum Zwecke kurzer Zitate für Buchrezensionen darf kein Teil dieses Buches ohne schrift-
liche Genehmigung durch den Verlag nachproduziert, als Daten gespeichert oder in irgendeiner
Form oder durch irgendein anderes Medium verwendet bzw. in einer anderen Form der Bin-
dung oder mit einem anderen Titelblatt als dem der Erstveröffentlichung in Umlauf gebracht
werden. Auch Wiederverkäufern darf es nicht zu anderen Bedingungen als diesen weitergege-
ben werden.

© Copyright Verlag »Die Silberschnur« GmbH

ISBN: 978-3-89845-413-4

1. Auflage 2013

Gestaltung: XPresentation, Güllesheim;
          unter Verwendung verschiedener Motive aus: www.fotolia.com
Druck: Finidr, s.r.o. Cesky Tesin

Verlag »Die Silberschnur« GmbH · Steinstr. 1 · 56593 Güllesheim
www.silberschnur.de · E-Mail: info@silberschnur.de

Ich suchte Liebe

und ich fand Liebe.

Doch ich fand sie nicht dort,

wo ich sie gesucht hatte

– ich fand sie in mir.

Kapitel der Liebe

Ein persönliches Vorwort

Wir sind auf der Suche. Wir suchen nach etwas, was unserem Leben noch zu fehlen scheint. Wir suchen alles Mögliche und in allen Lebensbereichen. Liebe und eine erfüllte Partnerschaft stehen auf unserer Wunschliste dabei ganz weit oben, oft sogar an erster Stelle. Wir sehnen uns alle nach Liebe – und das zu Recht!

Dies ist ein gewagtes Buch über Liebesbeziehungen, über das immerwährende Thema Nummer eins. Gewagt, weil es mit gängigen Vorstellungen, Idealen und Erwartungen, vor allem aber mit unserer dauernden "*Selbst*-täuschung", der die "*Ent*-täuschung" folgen *muss*, gründlich aufräumt. Gewagt, weil es ein Bruch mit der Einseitigkeit des heutigen Zeitgeistes, dem allgemeinen "Beziehungskonsum", der Ex-und-hopp-Mentalität und nicht zuletzt mit *dem* falschen Götzen Nummer eins, dem Sexkult, ist. Gewagt auch, weil es im Wesentlichen aus eigener und damit begrenzter Erfahrung heraus an ein unbegrenztes Thema herangeht ...

Meine persönliche Wahrheit soll eine Einladung an Sie sein, mir geistig auf meinem Weg zur Liebe und Wandlung zu folgen, um neue Gedanken zu finden, neue Sichtweisen zu entdecken, eine grundlegend neue Einstellung zu finden – und sich dann auf Ihren ganz eigenen Weg zur Liebe zu machen. Ihren eigenen Weg kann kein Buch, kein Mensch für Sie gehen. Wie auch immer dieser Weg beschaffen sein mag, er wird in jedem Fall einmalig sein – Ihre Geschichte. Schreiben Sie eine Geschichte, die Ihre eigentlichen, tiefen Träume wahr werden lässt, die Ihre Ursehnsucht erfüllt, die in Wahrheit hinter und über allen "äußeren" Wünschen steht.

Wenn ich auf diesem Weg immer wieder das Wort *Gott* verwende, so ist dies nicht im Sinne bestimmter religiöser Vorstellungen und Richtungen zu verstehen. Das, was wir "Gott" nennen, ist ein unergründliches Geheimnis, das Große Geheimnis, der Große Geist, wie die Indianer sagen. Nennen Sie es die Ganzheit, Alles-was-Ist, das Universum, die Quelle, die Einheit oder wie immer Sie auch wollen – das spielt keine Rolle. Aber *erleben* müssen Sie es/Ihn!

Meine Gedanken wollen Mut machen, ebenfalls etwas zu wagen und sich auf das größte Abenteuer des Lebens einzulassen – die Reise zu uns selbst, in unser eigenes Inneres. Es ist die Reise zur Quelle, zu Gott in uns – zur grenzenlosen Liebe in uns. Es geht – wie Sie sicherlich bereits bemerkt haben – in diesem Buch nur vordergründig um Beziehungen, letztlich geht es um das Leben selbst ...

Wenn Sie auf dieser Entdeckungs- und Wandlungsreise Stück für Stück zu Ihrem eigenen, großartigen Potenzial an Liebe, an Glücksfähigkeit zurückfinden, werden Sie vor allem eine neue Freude am Leben erfahren, und – glauben Sie mir – dann freut sich Gott mit Ihnen.

Dafür wünsche ich Ihnen den ganzen Erfolg und – so Gott will – als das berühmte i-Tüpfelchen Ihres Lebens das Glück, *diese* Freude mit einem geliebten Menschen teilen zu dürfen.

Gott gebe Ihren "Füßen" und "Flügeln", Ihrem Leben, Ihrer Liebe weiten Raum!

Gott segne und beschütze Sie!

Einleitung:
Von Raupen und Schmetterlingen

Kennen Sie sich mit Insekten aus? Mich faszinieren diese Tierchen schon seit meiner Kindheit. Wussten Sie, dass wir sogar im Zeitalter der Insekten leben? Ja, richtig, nicht der Mensch ist das vorherrschende Wesen auf dieser Erde, es sind die "Kleinen", die so erfolgreich sind – zahlreich, bunt, vielgestaltig und überall, rund eine Million Arten weltweit.

Unter den Insekten sind die Schmetterlinge Wesen, die seit jeher eine besondere Anziehung und Ausstrahlung auf uns Menschen haben. Sie sind ein tiefes Symbol der Verwandlung und der Wiedergeburt, der Schönheit, der Freude und der Leichtigkeit des Seins; sie sind ein Bild für die Seele, die Flügel hat. Sie sind auch ein Symbol der Liebe, und ich habe sie daher als Leitmotiv für dieses Buch gewählt. Das Leben der Schmetterlinge soll uns auf unserem Weg begleiten, soll uns die allumfassenden Gesetzmäßigkeiten des Lebens erkennen und verstehen lassen.

Der Schmetterling beginnt sein Leben als Raupe. Äußerlich scheint sie ein anderes Wesen zu sein. Es gibt so gar keine Ähnlichkeit zum Schmetterling, und wir Menschen könnten meinen, es sei ein ganz anderes Tier. Doch die Natur hat es so geschaffen: Zur einen Zeit sind es Raupen, zur anderen Schmetterlinge.

⊙ ⊚ ⊙

Zeit der Raupen

Mir kommt es vor, als lebten wir in einer Zeit der Raupen. Was geht auf dieser Erde eigentlich vor, was treiben wir Menschen mit ihr und auf ihr? Wie leben wir, wie verhalten wir uns, wie begegnen wir einander?

Raupen kennen nur einen Lebensinhalt: fressen. Auch wir fressen. Wir fressen alles, was wir kriegen können, nicht nur "unser täglich Brot". Die Gier nach mehr beherrscht uns: Genuss, Lust, Erfolg, Karriere, Auto, Haus, Geld, Macht, Kontrolle über andere, besitzen, herrschen, sich das größte Stück vom Kuchen abschneiden, Geiz, Profit, Vorteil, Vorteil, Vorteil ...

Wir kämpfen um Ressourcen, Märkte und Einfluss, wir konkurrieren und be*kriegen* uns am Ende – eben weil wir nicht genug *kriegen* können. Ans Teilen des "Brotes" denken wir nicht – oder nur dann, wenn wir ein schlechtes Gewissen haben.

Dabei ist diese Erde ein Ort unendlicher Fülle. Es ist genug für alle da, genug Nahrung, Rohstoffe, Energie, Freude, Liebe. Doch ein Gedanke hat sich unter den Menschen breitgemacht wie eine Seuche: der Glaube an Mangel, die Vorstellung, alles wäre knapp, unsere Lebensgrundlagen wären bedroht. Das lässt unsere Urangst ums Überleben aktiv werden, und wir beginnen kopflos und instinktiv, unsere evolutionär erworbenen Notprogramme abzurufen und danach zu handeln. Wir kämpfen und vergessen dabei, was unsere Erde ist und wozu sie bestimmt ist.

Es ist, wie die Religion sagt, die Erde uns zur Wohnung gegeben, zum Paradies, ein Ort voller Fülle, Freude und Liebe – ja, ganz genau: ein Ort der Fülle *und* der *Liebe*.

Das globale Problem der Menschheit – dieser Zeit – ist in Wahrheit nicht Mangel, sondern die Gier nach mehr, diese Angst, nicht genug zu bekommen – und unser achtloser Umgang mit den Schätzen der Erde, unsere Verschwendungssucht, die das Ergebnis mangelnder Wertschätzung, mangelnder innerer Erfülltheit der Menschen ist. Die Erde kennt keinen Mangel, der Mangel ist *in* uns!

Dieses Mangelgefühl lässt uns nicht nur im Materiellen nach Erfüllung "hungern", es beherrscht vor allem unser Seelenleben, unsere seelischen Bedürfnisse. Und deren Erfüllung suchen wir naturgemäß in zwischenmenschlichen Beziehungen, vor allem in der Partnerschaft. Einen Partner zu bekommen, zu haben ist das, wovon wir glauben, dass es unseren Hunger endlich stillen wird.

Irgendwie scheint dieser Ansatz, Liebe zu finden, in der Praxis aber nicht besonders erfolgreich zu sein. Auf diese Art werden wir kaum glücklich. Sind wir dabei bloß Opfer des Schicksals, die eben Pech in der Liebe haben, oder gibt es tiefere Ursachen? Was ist der wahre Grund aller Enttäuschungen, aller fehlgeschlagenen "Beziehungsversuche"?

☉ ☉ ☉

Unsere Bestimmung heißt Entwicklung

Solange die Sehnsucht nach Liebe an uns nagt, uns beherrscht, leben wir ein Raupenleben. Wir versuchen, uns sozusagen am

Partner zu nähren, und erkennen nicht, nach was wir uns in Wahrheit sehnen und aus welcher Quelle es kommt. Wir suchen die Liebe dort, wo wir sie nicht finden können. Wir verstehen nicht einmal, was Liebe wirklich ist.

Unsere Perspektive ist begrenzt, und aus dieser "Raupenperspektive" heraus kommen wir nicht weiter. Doch unbewusst ist da in uns ein leises Ahnen, ein Schimmer, eine Hoffnung, dass es doch noch etwas geben muss, könnte: dieses Glück, diese Erfüllung, die wir suchen.

Wir suchen eine Spur, die wir nicht kennen. Wir sind noch die Raupen, die nicht wissen, dass ein Schmetterling in ihnen steckt. Wir wissen noch nicht, welche Verwandlung unsere wahre Bestimmung ist. Denn um Liebe zu finden, muss sich zuerst etwas in uns entwickeln, wandeln, wachsen – es muss aufblühen.

Die Raupe gibt sich ihrer Verwandlung hin, sie verpuppt sich – eine kritische Zeit in ihrem Leben, denn während der Verpuppung ist sie sehr verwundbar. Doch die Wandlung zur Puppe ist ein wunderbares Symbol für die Entwicklungsgesetze des Lebens. Die Raupe hat ihr Leben lang nur gefressen, jetzt stellt sie das Fressen ein und sitzt still im Dunkeln. Sie war in ihrem Leben nie besonders frei gewesen, konnte gerade mal etwas herumkriechen – und jetzt muss sie sich noch weiter einschränken. Sie geht in einen Zustand der Unbeweglichkeit, liegt wie eine Mumie im Grab.

Leben wir nicht auch in einer Zeit, in der vieles immer schwieriger zu werden scheint? Krisen verunsichern uns, und wir müssen uns einschränken. Unsere Arbeitsplätze, unser Wohlstand, aber auch unsere Beziehungen sind unbeständig und sorgen fast beständig für Stress bei uns. Es sieht ganz so aus, als müsste auch in unserem Leben etwas "sterben", losgelassen werden, um sich wandeln zu können. Erkennen Sie den großen Plan des Lebens? Wir befinden uns lediglich in der Zeit der "Verpuppung", einer Zeit der Umgestaltung, der Metamorphose unseres Seins – kein Grund zur Panik!

⊚ ⊙ ⊚

Der Schmetterling wartet in Ihnen

Stellen Sie sich vor, Sie sind die Raupe, die sich gerade verpuppt hat. Könnten Sie verstehen, was da mit Ihnen geschieht, oder gar wissen, was Sie erwartet? Ich könnte es nicht. Aber wir müssen es gar nicht verstehen, denn das Leben entfaltet sich ganz von selbst. Die Raupe vertraut und ruht, während sich in ihr die große Verwandlung vollzieht. Genauso müssen auch wir im Leben nach innen gehen, ruhen, uns mit uns selbst beschäftigen, damit wir unsere Wandlung vollziehen können.

Vielleicht lesen Sie dieses Buch, weil Sie gerade eine enttäuschende Liebesbeziehung hinter sich haben, oder Ihr Partner hat Ihnen eröffnet, dass er eine Geliebte hat oder sich scheiden lassen will. Na dann: herzlichen Glückwunsch! Die Zeit *Ihrer* "Verpuppung" ist gekommen. Allerdings nur, wenn Sie es zulassen, wenn Sie die "gefräßige Raupe" loslassen und bereit sind, die alte Haut abzulegen und nach innen zu gehen. Wenn Sie jedoch Widerstand leisten gegen diese Veränderung, entscheiden Sie sich aus lauter Angst dafür, eine Raupe zu bleiben. Und solange Sie dies tun, werden Sie nie erfahren, dass in Wahrheit ein wundervoller Schmetterling in Ihnen darauf wartet, sich frei in den Sonnenschein zu schwingen, die Blumen zu küssen und den Nektar der Liebe zu trinken ...

In der Natur hat die Raupe keine Wahl, sie folgt unbeirrbar dem Gesetz des Lebens. Wir dagegen haben die Wahl - nämlich ins Vertrauen zu gehen oder es dem Leben schwer zu machen! Das Leben zwingt uns nicht - weder zu unserem Glück noch zur Veränderung, aber es hilft uns auf wunderbare Weise, sobald wir bereit sind, uns für seine Wege zu öffnen und uns hinzugeben. Und dies tut jeder von uns irgendwann, denn es gibt etwas, was die "Raupe" in uns zu ihrer Verwandlung zieht. Es ist die seit Ewigkeiten in ihr steckende Sehnsucht, ein Schmetterling zu sein. Diese Sehnsucht ist unser Helfer, sie führt uns auf den Weg. Auch auf meinem persönlichen Weg war sie der Helfer, den ich gebraucht habe - ich hatte dies nur lange Zeit nicht so sehen können. Doch das Leben ist voller Geduld und Weisheit. Es führt auch Sie zum Ziel, zur Liebe.

1. Kapitel:
Wir brauchen Liebe

Der Mensch ist ein Geschöpf der Liebe, er braucht Liebe, er ist Liebe und er will lieben. Wenn wir geboren werden, haben wir eine Zeit von neun Monaten hinter uns, in der es uns an nichts gefehlt hat, wir waren einfach rundum geborgen. Aber dann ist es uns bestimmt, in einer anderen Welt anzukommen, in der nichts mehr so ist wie zuvor. Wir sind plötzlich allein, völlig hilflos und unfähig zu leben.

Wir brauchen Menschen, die uns versorgen, uns Schutz und Geborgenheit geben. Wir brauchen einen Menschen, der stärker ist als wir, und wir brauchen vor allem die Gewissheit, dass er ständig in unserer unmittelbaren Nähe sein wird, was uns das Gefühl gibt, nicht allein und hilflos zu sein. Unsere Sinnesorgane, unsere Wahrnehmung müssen sich erst noch richtig entwickeln, und so ist es die Berührung der Haut, die Wärme, das Gestilltwerden, was uns hauptsächlich die erste elementare Verbindung gibt. Wir brauchen diese allererste Zuwendung, diese Liebe der Menschen, die bei uns sind - sie ist lebensnotwendig für Körper *und* Seele.

⊙ ☉ ⊙

Die elementare Erfahrung von Liebe

Fast alle Eltern der Welt tun ihr Bestes, um ihren Kindern Liebe zu geben. Leider reicht das, was Eltern in unserer Kultur im Allgemeinen zu tun, nicht aus, um Kindern tatsächlich dieses elementare, tiefe Gefühl von Liebe und Geborgenheit zu geben.

Es gibt ein bemerkenswertes Buch von Jean Liedloff, *Auf der Suche nach dem verlorenen Glück*, das diese Zusammenhänge aufzeigt. Im Urwald Südamerikas lernt sie als junge Frau einen ursprünglich lebenden Indianerstamm kennen und studiert dessen Lebensalltag. Sie erkennt die Ursache des Glücklichseins und des harmonischen Zusammenlebens dieser Menschen in deren Umgang mit Kleinkindern. Dadurch, dass dort Kleinkinder von der Mutter oder auch von einer anderen Person ständig am Körper getragen werden, also fast permanent Hautkontakt haben, wird das elementare Bedürfnis des Kindes nach Nähe, Zuwendung, Leben, nach "Richtigkeit" erfüllt. Es hat das Gefühl "Ich bin willkommen, ich werde bedingungslos angenommen, alles ist da, alles ist richtig, ich bin ein Mensch bei Menschen, ich werde *getragen*, ich darf einfach nur da sein, so wie ich bin, ich bin wertvoll, ich bin liebenswert". In der Phase des Getragenwerdens bekommt das Kind diese Sicherheit und das Gefühl, *angenommen* zu sein - denn die Menschen *nehmen* es *an* sich.

Und es erfährt die Welt der Menschen, der Erwachsenen buchstäblich hautnah, es erlebt sein Umfeld in harmonischer Weise und entwickelt eine natürliche Neugier auf diese Welt, in der es nun lebt. Sobald es krabbeln kann, erkundet es seine Welt nach und nach, eigenständig, instinktiv und ohne die bei uns übliche angstbesetzte Kontrolle durch die Erwachsenen. Kleine Kinder spielen dort mit allem Möglichen, nehmen rasiermesserscharfe Macheten oder Messer in die kleinen Hände. Verletzungen sind dennoch selten. Kinder fallen nicht in nahegelegene tiefe Gruben und ertrinken nicht beim Baden in Flüssen mit starker, unberechenbarer Strömung. Kinder in dieser Weise sich weitgehend selbst zu überlassen, wäre bei uns der Albtraum jeder Mutter. Aber bei diesem Naturvolk tun die Menschen instinktiv das, was dem Menschen, dem Kind seit Urzeiten gerecht wird. Es bekommt dieses Urvertrauen vermittelt, auf dessen Grundlage es eigenständig wird und sich körperlich, seelisch und geistig voll entfalten kann. Es erfährt das "Liebe-ist-da-und-das-Leben-ist-richtig-Grundgefühl".

☉ ☉ ☉

Unsere Eltern sind nicht schuld ...

Wie gesagt, in unserer Kultur sieht es anders aus. Kleinkinder kommen in den Kinderwagen, die Trage und nachts ins spezielle Kinderbett. Es soll an nichts fehlen, wir tun alles, damit der kleine Körper versorgt ist, es warm hat, satt ist. Wenn das Kind schreit, weil es dieses Alleinsein, dieses Getrenntsein nicht aushält, wenn es Panik hat, wird es schön beruhigt, gefüttert. Aber Nähe, Liebe vermisst es weiter ... Unsere Eltern können nichts dafür, sie wissen es nicht besser, weil sie es so von ihren Eltern übernommen haben – und die von den Eltern der Eltern der Eltern ... So geht es schon seit Generationen.

In unserer modernen Welt sieht alles natürlich noch ganz anders aus. Kinder sind manchmal fast schon ein "Störfaktor" im Alltag. Da ist es viel praktischer, sie separat "handeln" zu können. Wir haben ja sooo viel anderes zu tun. Wir wissen uns schon einzurichten in dieser Welt, nicht wahr. Wissen wir es wirklich?

Viele Menschen haben das Gefühl, als Kind nicht genug Liebe, nicht genug Aufmerksamkeit erfahren zu haben. Manche

21

sprechen sogar von einem dunklen Kapitel ihres Lebens, einer schrecklichen Kindheit. Aber auch in scheinbar heilen Familien bleibt es nicht aus, dass Kinder ein Gefühlsdefizit an Liebe und Geborgenheit, an Urvertrauen erfahren und diesen Mangelzustand in ihr Leben mitnehmen. Das muss uns nicht bewusst sein, aber das Defizit ist da und meldet sich – es sucht nach Heilung, nach Erfüllung ...

⊙ ⊙ ⊙

... aber das Defizit ist da.

Als Kind war ich sehr sensibel und hatte ein großes Bedürfnis nach Geborgenheit. Ich hatte viele Ängste, mit denen ich nicht umgehen konnte – Angst vor fremden Menschen, Angst, allein zu sein, Angst vor der Welt "da draußen". Ich fühlte mich nur in der Nähe von vertrauten Menschen, zu Hause, bei den Eltern oder Großeltern wohl. Wenn es nach draußen ging, brauchte ich meinen "Begleitschutz". Ich habe mir bei vielem schwergetan, was anderen Kindern keine Probleme machte. Allein zum Bäcker zu gehen, ein Eis zu kaufen, überhaupt auf Menschen zuzugehen, war für mich der blanke Horror. So war ich in meiner Seele nicht frei, und ich erinnere mich, dass ich schon als Kind viele Albträume hatte, Angstträume von Bedrohung, Verfolgung und Gefangensein.

Wenn ich im Vorigen auf seelische Defizite in der Kindheit eingegangen bin, bin ich mir bewusst, dass dies nur ein Aspekt für das mangelnde Gefühl von Geborgenheit ist. Der andere Aspekt ist sicher die uns mitgegebene Lebensaufgabe unserer Inkarnation.

Rudolf Steiner sagte, dass Kinder nicht zufällig in eine bestimmte Familie geboren werden, sondern sich ihre Eltern aussuchen, ja sogar die Eltern als Paar zusammenbringen. Wir wissen von diesen Dingen normalerweise nichts und können solche Aussagen nicht beweisen. Aber wir können sie auch nicht widerlegen. Jedenfalls sind es Sichtweisen, über die nachzudenken sich lohnt und die unser Verständnis vom Menschsein erweitern können. Deshalb sollten wir die Möglichkeit, dass unsere Persönlichkeit, unsere Seele nicht nur ein Produkt unserer Erziehung und Herkunftsfamilie ist, zumindest nicht ausschließen.

Auffällig ist die Beobachtung, dass Kinder oft Lebensthemen der Eltern übernehmen, gleichsam als ob sie diese heilen, irgendwie kompensieren wollten. Zusätzlich bringen wir mit Sicherheit Seelenthemen, "Unerfülltes" aus früheren Inkarnationen mit, um es jetzt zu bearbeiten, zu erfüllen und zu heilen.

⊙ ☉ ⊙

Nach Liebe hungernde Kinder werden nie erwachsen

Da unser Bedürfnis nach Liebe nicht erfüllt ist, nehmen wir den Hunger nach Liebe mit in unsere Jugend und die späteren Erwachsenenjahre. Jugendliche grenzen sich in der Pubertät gegen die bisherigen Bezugspersonen ab – ein natürlicher Vorgang, der mit dem Eigenständigwerden einhergeht. Wenn das Verhältnis zu den Eltern ohnehin angespannt war, fliehen Jugendliche oft geradezu aus den alten Bindungen. Da sie aber noch immer ohne "Liebegefühl" in sich sind, brauchen sie nun andere Bezugspersonen. Freunde, die Clique treten an die Stelle der Eltern. In diesen Gruppen geht es oft darum, anerkannt zu werden, also wieder um das "Liebeerfahren". Jugendliche machen alles Mögliche und Unmögliche für diese Anerkennung, und auch die Beziehungen zum anderen Geschlecht bekommen nun eine besondere Rolle.

Jungs wollen nicht als Versager dastehen, Mädchen nicht die Anerkennung verlieren. Auf verfrühte intime Begegnungen lassen sich Jugendliche dann teils aus Neugier, mehr aber aus der Angst heraus ein, sonst nicht dazuzugehören. Es gibt in diesem Zusammenhang ein besonders für junge Menschen lesenswertes Buch eines jungen Mannes, der einen anderen Weg geht: Joshua Harris, *Ungeküsst und doch kein Frosch. Warum sich warten lohnt – radikale neue Einstellungen zum Thema Nr. 1.*

Für mich war als Jugendlicher die Begegnung mit Mädchen etwas, bei dem ich mich nicht wohlfühlte, ein zu unbekanntes Terrain. Ich fühlte mich sehr unsicher. Im Grunde bin ich vor möglichen Kontakten davongelaufen. Tanzunterricht war etwas, vor dem ich geradezu Angst hatte. Ein Freund überredete mich damals dann doch dazu mitzumachen, aber ich bin nach ein paar Abenden nicht mehr hingegangen, weil der innere Konflikt für mich zu heftig war. Einerseits fühlte ich diese Anziehung, andererseits war nur Unsicherheit in mir. Meine Mitschüler waren da freier und machten sich auf Partys und beim Tanzen an die attraktivsten Mädchen heran. Ihre Erzählungen heizten damals meine heimliche Sehnsucht zusätzlich an.

⊙ ⊙ ⊙

Die Sehnsucht nach Liebe verlagert sich auf Beziehungen

Konkreter wurde es für mich erst einige Jahre später bei der Berufsausbildung. Hier war es eine Mitschülerin in der Berufsschule, die ich kennenlernte. Zunächst war es ihr Äußeres, das mir auffiel und gefiel. Sie war groß, schlank, hatte kurze, blonde Haare. Bei unseren Begegnungen entstand schnell eine eigenartige, geradezu tiefe Vertrautheit. Sie war aufmerksam, freundschaftlich und ging frei und offen, aber gleichzeitig gefühlvoll-achtsam auf mich ein. Sie schenkte mir echtes Interesse und Wertschätzung, kümmerte sich um mich, manchmal fast mütterlich.

Es waren genau die Eigenschaften, die im Grunde *mir* fehlten und nach denen ich mich sehnte. Psychologen sprechen nicht umsonst davon, dass wir uns Partner suchen, die – zumindest auf den ersten Blick – die Eigenschaften haben, die uns fehlen. Dadurch fühlen wir unsere Defizite scheinbar kompensiert. Mir war das natürlich alles nicht bewusst, in mir war nur eine einzige "Offenbarung": Das ist *die* Frau – mein Ideal – ich war grenzenlos verliebt! Diesmal war die Energie, die in mich einfloss, so stark, dass es kein Halten mehr gab. Als ich ihr dann trotz meiner Scheu mein Interesse zeigte, stellte sich heraus, dass sie im Begriff war zu heiraten. Ich habe dies akzeptiert, und nach zwei Jahren Berufsschule trennten sich unsere Wege. Trotzdem war es eine ganz besondere Begegnung gewesen. Es war zwischen uns eine Vertrautheit, eine innere Nähe gewesen, wir brauchten uns nur anzusehen, um zu wissen, was im anderen gerade vorging. Es war eine reine, echte Beziehung von Mensch zu Mensch, von Seele zu Seele gewesen, und es war ihre Ausstrahlung, ihr Wesen gewesen, dem mein Interesse gegolten hatte. Erotische Anziehung spielte keine Rolle.

⊙ ⊚ ⊙

Wenn die Liebe fehlt, nutzt auch der Partner nichts

Meine Sehnsucht nach einer Partnerin war nun stark und konkret geworden, sie wollte mit allen Fasern meines Seins gelebt werden, also suchte sie einen Ausweg, besser gesagt einen "Ersatz".

Ich lernte ein gutes halbes Jahr später tatsächlich eine andere Frau kennen. Sie war gerade 20 Jahre jung, natürlich und herzlich, nicht ganz meinen Idealen entsprechend, aber ganz "brauchbar". Das Wort *brauch*bar drückt meine damalige, natürlich unbewusste Motivation für die Beziehung zu ihr am besten aus, denn ich habe jemanden *gebraucht*. Ich wollte meine Sehnsucht stillen. Echte Liebe war das trotz der tatsächlich vorhandenen Zuneigung leider nicht. Ich habe in ihr nicht den Menschen sehen, annehmen, wahrnehmen können, der *sie* war. Ich wollte nur jemanden haben, mit dem *ich* zusammen sein konnte, und ansonsten mein Leben nach meinen Bedürfnissen leben und gestalten.

Ich glaube, mit diesem Strickmuster einer Beziehung bin/war ich in der Gesellschaft vieler Paare, bei denen es um nichts anderes geht. Wir wollen jemanden, der uns das Gefühl von Liebe gibt, der uns Aufmerksamkeit schenkt, Halt und Geborgenheit. Es geht um den Zweck, die Funktion, die der andere für uns erfüllt, wir suchen im Grunde einen "Bedürfnisbefriediger" anstelle eines Menschen. Das auf die Eltern gerichtete Bedürfnis nach Liebe, das wir als Kinder hatten, hat sich nun unbewusst auf den Partner verlagert. Wir suchen im Grunde immer noch die selbstlose, bedingungslose Liebe von Mutter oder Vater. Da es unserem Partner aber meist auch nicht besser erging, treffen sich zwei hungernde Kinder, die aneinander satt werden wollen und es nicht können. Die bedürftigen Kinder werden nie erwachsen. Wie ich in den folgenden Kapiteln noch ausführlicher darstellen werde, überfordern wir mit solchen Bedürfnisprojektionen jede Beziehung und versäumen dabei die Chance, uns offen, ehrlich und wahrhaft zu erfahren und zu einem liebevollen Miteinander, einem echten Mensch-zu-Mensch-Sein zu finden.

Meine Haltung gegenüber meiner Freundin war kritisch. Was mir an ihr nicht gefiel, lehnte ich ab und ließ es sie auch spüren.

Und ich machte den Versuch, den leider so viele machen – ich wollte sie ändern. Wir waren gut drei Jahre zusammen und haben uns mit der Zeit immer mehr gestritten. Es waren regelrechte Machtkämpfe, jeder wollte die Beziehung nach seinen Vorstellungen gestalten und kontrollieren. Es war ein unhaltbarer Zustand, und sie hat schließlich die Konsequenzen gezogen und sich von mir getrennt – richtig, das war keine Begegnung von Liebenden!

⊙ ⊙ ⊙

Sehnsucht ohne Ende?

Jahre später, ich war inzwischen Ende dreißig, bekam mein Leben einen neuen starken Impuls. Mein Vater war gestorben. Dies war für mich ein Umbruch in meinem Leben. Er war mir in Bezug auf gemeinsame Interessen ein wertvoller Partner, ein Kamerad gewesen. In meinem Leben war eine gewisse Lücke entstanden, die sich nach erneuter "Füllung" sehnte. Die alte Sehnsucht nach einer Partnerin lebte neu in mir auf. Und wieder lernte ich eine Frau kennen ...

Die neue Beziehung sollte "der Hammer" für mich werden. Es war eine Totalkonfrontation mit meinem bisherigen Ich, mit all meinen Schwächen, und mein altes Beziehungsmodell sollte hieran endgültig versagen. Es sollte die heftigste und zugleich heilsamste Krise auf meinem Weg zur Liebe, zu mir selbst werden.

Ich hatte mich schnell in sie verliebt. Da war sie wieder, diese "Offenbarung", der Glaube, jetzt endlich die Frau fürs Leben gefunden zu haben – eine tolle Frau, mit der man(n) Pferde stehlen kann. Und sie war Single und ging auf die Begegnung ein. Ich fand toll, was sie so alles unternahm, Dinge, die ich wenig kannte und bisher nicht gewagt hatte – Abenteuer, Erlebnisse ... Einfach stark, klasse, endlich eine interessante Perspektive!

Die Illusionen zerbrachen rasch. Schon nach wenigen Begegnungen merkte ich, dass ich es mit einem ebenfalls schwachen, bedürftigen, kalten, nach Liebe hungernden Menschen zu tun hatte. Ich war als Raupe an eine andere Raupe geraten, und keiner von uns konnte seinen Hunger am anderen stillen. Wir hätten vielleicht als Freunde einiges zusammen unternehmen können, aber als Beziehung war es eine Katastrophe. Statt der erhofften Liebe und Geborgenheit erfuhr ich Ablehnung, Kritik, Abgrenzung und Rückzug. Ich war verzweifelt, denn diese Frau erschien mir einerseits so begehrenswert, der Inbegriff meiner Sehnsucht, andererseits erlebte ich mit ihr eine Verletzung und Enttäuschung nach der anderen. Aber ich wollte es nicht wahrhaben, ich kämpfte um diese Beziehung, suchte irgendeine Lösung – verzweifelt, erfolglos, sinnlos. Sollte mir am Ende nur eines bleiben: Sehnsucht ohne Ende?

⊙ ⊙ ⊙

Wo Schmerz ist, geschieht Heilung

Wir kamen nicht miteinander klar, aber wir beendeten diese Pseudobeziehung auch nicht. Irgendwie war da etwas, ein tieferer Bezug, ein Sinn, der sich dem Urteil des Verstandes entzog. Wir hatten eine Aufgabe miteinander, und wenn zwei eine Aufgabe miteinander zu erledigen haben, bleiben sie zusammen, trotz der Schmerzen. Wir hatten so etwas wie gemeinsame Schattenseiten, die uns im gegenseitigen Erleben an unsere wunden Punkte brachten. Wir waren in vielem Spiegelbilder. Es war ganz und gar nicht so, wie ich es mir wünschte, aber ich hatte tatsächlich die zu diesem Zeitpunkt für mich *richtige*, die ideale Partnerin gefunden – in einem tieferen Sinne ...

Im Rückblick erkenne ich heute in dieser schmerzhaften Erfahrung einen notwendigen, wertvollen Heilungsprozess. Meine Seele hatte mich genau in diese konfliktbeladene Beziehung geführt, damit alles in mir aufbrechen konnte. Ich habe derartige Zusammenhänge im Laufe meines Lebens schon mehrfach erfahren. Wir werden mit unseren Seelenwunden irgendwann konfrontiert, um sie heilen zu können. Es muss Energie in die alten Verletzungen und Belastungen fließen, damit eine Veränderung, eine Neuordnung stattfinden kann. Heilung ist nichts anderes als ein Reinigungs- und Ordnungsprozess. Auch in der Seele muss alles an seinen richtigen Platz gerückt werden.

Ein Erlebnis dieser Art, bei dem ein alter Schmerz unerwartet in mir hochkam, hatte ich einige Jahre nach dem bereits erwähnten Heimgang meines Vaters. Mein Vater war in seinem Wesen anders als ich, und als Jugendlicher entwickelte ich allmählich eine gewisse Ablehnung gegen sein Wesen. Ich kritisierte ihn häufig und machte vieles schlecht, was er tat. Es fehlte mir der Frieden im Herzen, die Toleranz gegenüber seinem Anderssein, menschliche Güte und Verständnis. Erst nachdem er gestorben war, wurde mir Stück um Stück bewusst, welches Geschenk dieser Mensch für mich gewesen war, wie *er* mich in all meinem Tun gefördert hatte. Ja, ich war lange Zeit undankbar gewesen, ich hatte Gutes mit Schlechtem vergolten ...

Anderen zu vergeben, ist schwer, selbst "Schuld" zu fühlen und sich zu vergeben, ist noch schwerer. Es ging jetzt also um Frieden und Versöhnung, und die ist auch möglich, wenn ein Mensch nicht mehr körperlich da ist. Mein Verhältnis zu ihm erfuhr im Nachhinein auch tatsächlich Heilung. Ich träumte oft von ihm, und im Gegensatz zu früher waren es jetzt positive Träume, in denen er Sinnvolles tat und wir gute, gemeinsame Sache machten. Ich spürte einfach, dass nun alles zwischen uns bereinigt war und wir uns immer noch geistig nahe waren. Es gibt auf der geistigen Ebene keine Trennung, keinen Tod. Wir bleiben immer mit den Menschen in Verbindung, die wir lieben. Liebe ist stärker als der Tod!

Dann geschah etwas. Ich ging abends im Wald spazieren, es war beinahe dunkel. Meine Schuldgefühle hatte ich mittlerweile fast schon vergessen, als sie unvermittelt mit einer Heftigkeit wieder in mir hochkamen, die ich nicht verstehen konnte. Denn die innere Versöhnung zwischen uns fühlte ich doch längst. Aber ein unheimlich dunkles Gefühl war plötzlich da, und ich rang innerlich um Erlösung. Ich kam zu einem Grillplatz mit offener Hütte. Obwohl es wegen der Dunkelheit in der Hütte etwas unheimlich war, zog mich irgendetwas genau dort hinein. Ich setzte mich also auf eine Bank in der Hütte. Nicht lange, und es überkam mich ein immer stärkeres Gefühl, nicht allein zu sein. Es war aber ein gutes Gefühl. Es fühlte sich fast wie Geborgenheit an, als befände ich mich in der Gemeinschaft von geistigen Brüdern. Nach einer Weile im Gefühl, in der Stille dieser unerwarteten Einheit, ging ich dann wieder aus der Hütte heraus und machte mich auf den Weg nach Hause. Seither hatte ich nie mehr diese Schuldgefühle!

◉ ⊙ ◉

Hilfe auf ungewöhnliche Art

In meiner ungelösten Beziehungskiste lagerte aber immer noch jede Menge Material, das bearbeitet werden wollte. Nach einem

Jahr "Chaos" befand ich mich gerade mitten in tiefster Enttäuschung, als mir Hilfe auf ungewöhnliche Art zuteilwurde. Um in meiner Verzweiflung nicht sinnlos herumzuhängen, sondern wenigstens irgendetwas zu tun, besuchte ich eine gerade stattfindende Esoterikmesse. Bereits seit einigen Jahren interessierte ich mich für Naturheilkunde, hatte Yoga und auch etwas Meditation kennengelernt und wollte mich in dieser Richtung weiter umschauen. Und wenn *wir* etwas tun, tut sich etwas *für* uns.

Auf dieser Messe bekam ich eine Einladung zu einem Vortrag über Selbstheilung auf geistigem Weg nach der Lehre Bruno Grönings. Der aus Danzig stammende Bruno Gröning (1906-1959) wurde in den 1950er Jahren als sogenannter Wunderheiler bekannt, und beim Besuch des Vortrags spürte auch ich etwas total Einmaliges. Es war mir, als hätte ich heimgefunden, als wäre dies genau das, was ich schon immer gesucht hatte, wonach ich mich gesehnt hatte – dieses Gefühl von Licht und Liebe, diese tiefe, tiefe Verbundenheit mit etwas, das höher, größer ist als ich. Meine Tränen flossen, mein Herz schmerzte – ich war angekommen.

Angekommen war ich, rein äußerlich betrachtet, bei einer Art "geistiger Selbsthilfegruppe". Innerlich hatte ich aber die spirituelle Dimension des Lebens gefunden, die Dimension, die ich unbewusst gesucht hatte und die entscheidend für unser aller Leben ist – egal, ob wir dies glauben oder nicht. Spiritualität bedeutet nichts anderes als das Bewusstsein und die Erfahrung, mit dem EINEN in Verbindung zu stehen, das höher, größer, umfassender, weiser, liebender, kraftvoller und mächtiger ist als wir.

Ich möchte hier bewusst nicht näher auf einen bestimmten spirituellen Weg eingehen oder Ihnen als Leser diesen Weg in irgendeiner Weise empfehlen, denn es gibt viele gute Wege und unterschiedliche Zugänge zur Wahrheit – niemals nur einen! Ich erwähne nur meinen persönlichen Weg. Es ist auch nicht wichtig, auf welchem Weg wir das Ziel erreichen. Für jeden von uns gibt es nämlich genau *den* Weg, der jetzt zu ihm passt und ihn weiterbringt. Auch ich bin auf meinem Entwicklungsweg eine ganze Reihe von Wegen, angefangen von Vollwerternährung über Naturheilkunde bis Esoterik, gegangen und bin mir sicher, dass weitere, andere Wegabschnitte noch darauf warten, entdeckt und gegangen zu werden. Wir sind auf dem Weg durch die Ewigkeit des Seins. Da gibt es keine "Endstation", wo es nicht mehr weiterginge, wo wir stehen bleiben würden. Denn wir sind *endlose* Geschöpfe, Gott gleich!

Darum lassen Sie sich stets von der höheren, universellen Weisheit, dem Leben selbst führen, und vertrauen Sie darauf, dass diese Weisheit Sie immer zielsicher dorthin bringt, wo Sie das finden, was Sie gerade brauchen. Manchmal braucht es einfach Zeit, Geduld, bis sich neue Möglichkeiten zu Ihrer Entwicklung auftun – aber glauben Sie es nur, es geschieht das Richtige, garantiert – wenn Sie es nur zulassen! Vielleicht ist es gerade dieses Buch, das Sie in Händen halten, oder der Mensch, der Ihnen morgen begegnet und Ihnen den Weg weist, auf welche Art auch immer.

⊙ ⊙ ⊙

Der Geist beherrscht die Materie

In diesem Zusammenhang sind die Ergebnisse der aktuellen Hirnforschung interessant. Neurowissenschaftler können die Hirnaktivität mit empfindlichen, modernen Geräten beobachten und stellen dabei fest, dass positive Gedanken und Empfindungen, wie sie beim Gebet, in der Meditation, beim Yoga und bei anderen spirituellen Übungen, bei tiefer Entspannung oder beim Hören von harmonischer, sanfter Musik entstehen, positive Auswirkungen auf Körper und Seele haben. Die Biochemie des Körpers verändert sich, es werden vermehrt Neurotransmitter und Hormone gebildet, die die Nervenaktivität steigern und alles harmonisieren. Schon nach wenigen Tagen regelmäßiger Übung lässt sich eine gesteigerte Hirnaktivität nachweisen. Tägliches Üben erbrachte bei diesen Versuchen die besten Ergebnisse. Es genügen bereits etwa zwölf Minuten am Tag. Einmal die Woche zum Yoga zu gehen oder in der Kirche zu beten, ist gut, aber zu selten, zu wenig, um deutliche Erfolge zu haben.

Bemerkenswert ist, dass die Wissenschaftler herausgefunden haben, dass es ziemlich egal ist, welche spirituelle Übungspraxis wir wählen – die Ergebnisse sind vielmehr nur davon abhängig, mit wie viel Hingabe wir etwas tun, mit anderen Worten: ob wir ganz bei uns, in unserem Herzen sind. Wenn Sie also bereits einen Weg gefunden haben, der Ihnen liegt, sei es Gebet, Meditation oder etwas anderes, können Sie dabeibleiben. Es gibt im spirituellen Bereich keine Konkurrenz, nichts ist besser oder schlechter. Der Streit, welche Religion die richtige ist, welche "Technik" die bessere, existiert nur in den Köpfen theoretischer Fanatiker, sturer Köpfe, die sich ihr Weltbild zementiert haben, die ihre Sache nicht aus dem Herzen heraus leben. Was wir aus dem Herzen heraus tun, ist *immer* richtig, das ist die einfache, göttliche Wahrheit – von der Wissenschaft bestätigt!

Der Glaube, die Liebe, das, was wir im Herzen spüren, ist es, was heilt, was hilft. Der Geist beherrscht tatsächlich die Materie. Heilung auf geistigem Weg ist kein Hokuspokus, sondern beruht auf Naturgesetzen. Immer mehr Menschen erkennen heute, dass das materialistische, mechanistische Weltbild, auf dem die bisherige Schulmedizin beruht, die Wirklichkeit des Lebens und des Universums nicht richtig, weil unvollständig erfasst. Der Zulauf, den Vorträge und Seminare über Geistheilung und alternative Medizin haben, spricht für sich. Es ist lediglich eine gewisse Lobby, die versucht, am alten, begrenzten System festzuhalten, weil sie daran Geld verdient oder um ihren Einfluss fürchtet. In Deutschland sind diese Widerstände, diese fehlende Offenheit leider im Moment noch besonders zu spüren – aber auch hier bahnt sich der Wandel bereits an ...

☉ ⊙ ☉
Mein Weg zur Liebe in mir

Bereits in meiner Jugend war ich oft schwermütig und machte mir sorgenvolle Gedanken. Die Konflikte, die ich in meinen Beziehungen im Laufe der Jahre erlebte, hatten in mir latente Depressionen entstehen lassen, die auch mit Schlafstörungen einhergingen. Und jetzt in dieser Chaosbeziehung ging es mir besonders schlecht. Aber meine nun neu gefundene spirituelle Übungspraxis in Form des täglichen Aufnehmens von Heilenergie, von göttlicher Kraft stärkte meine Seele, ich fühlte mich jedes Mal leichter. Die Depressionen wurden zunehmend schwächer sowie seltener, und ich konnte nach und nach wieder normal schlafen. Nach etwa zwei Jahren erlebte ich bei einem der spirituellen Treffen ein plötzliches, unbeschreibliches Gefühl innerer Freiheit, wie ich es bisher nicht gekannt hatte. Da wusste ich: Jetzt bin ich frei, jetzt bin ich geheilt.

Was mir dieser Weg in nunmehr über zehn Jahren gegeben hat, würde den Rahmen dieses Buches sprengen. Ich fasse deshalb das Ergebnis zusammen. Es ist mir das Leben zur Schule geworden, und ich habe ein völlig anderes Lebensgefühl sowie inneren Halt, inneren Frieden gefunden. Ich spüre die Liebe in mir und muss sie nicht mehr verzweifelt in einem anderen Menschen, einer Partnerin suchen. Es gibt für mich jetzt dieses Grundgefühl: Alles ist gut, wie es ist, das Leben ist lebenswert. Ich bin offen geworden für Menschen aller Art, für ihr Sosein. Jetzt darf sich mein Leben entfalten, nach *Seinem* Plan. Ich habe noch Wünsche, Träume, aber ich habe keine festgelegten Ziele mehr, ich vertraue mich in allem immer mehr dem göttlichen Plan an.

Lassen Sie alles los, was Sie sich so ausgedacht hatten, und beginnen auch Sie damit, das Leben anzunehmen, sich anzunehmen, Menschen anzunehmen – alles, so wie es eben ist. Was wir annehmen, lieben wir.

Und wenn wir in dieser Verbindung stehen zu Gott und der Welt, zu Allem-was-Ist, dann stehen wir in Verbindung zur universellen Liebe. Diese Liebe, die größer ist als die Welt, ist auch in Ihnen. Das Einzige, was uns allen mehr oder weniger fehlt oder gefehlt hat, ist/war es, diese Liebe zu spüren. Wir sind oftmals noch von ihr getrennt, obwohl sie da ist – immer. Doch alles, was uns bisher von der Liebe trennte, kann und wird heilen.

Es gibt eine Legende, die Paulo Coelho wiedergegeben hat:

Ein Novize im Kloster von Piedra fragte einst seinen Abt, ob denn all die Gebete bewirken würden, dass Gott sich uns nähere. – Der Abt antwortete mit einer Gegenfrage: "Bewirken all unsere Gebete, dass die Sonne morgen früh aufgeht?" – "Nein, natürlich nicht. Die Sonne folgt einem universellen Gesetz, deshalb geht sie auf." – "Richtig", sagte der Abt, "und dies ist die Antwort auf deine Frage: Gott ist uns immer nahe, egal welche Gebete wir sprechen." – Der Novize war empört: "Soll das heißen, dass unsere Gebete nutzlos wären?" – "Keineswegs!

Wenn wir nicht früh aufwachen, werden wir nie den Sonnenaufgang erleben, und wenn wir nicht beten, werden wir, obwohl Gott uns immer nahe ist, seine Nähe nie spüren."

Ersetzen Sie das Wort Gott in dieser Legende durch das Wort Liebe – Gott ist Liebe. Wer Liebe sucht, sucht Gott. Die Liebe ist da, wir sind es, die sie nicht mehr spüren.

◉ ◉ ◉

Glänzen wie Silber

Meine Mutter stammt aus dem Schwarzwald, und dort wurde früher Silberbergbau betrieben. Silber war in früheren Jahrhunderten sehr wertvoll und wurde vor allem zu Münzen verarbeitet. Doch die Gewinnung des Silbers war aufwändig. Das Erz war ein Bleierz mit einem geringen Silbergehalt, und im Verhüttungsprozess musste das Silber vom Blei geschieden werden. Dazu gab es ein altes, aber langwieriges Verfahren. Die Blei-Silber-Schmelze wurde stark erhitzt, dann oxidierte das Blei oberflächlich im Kontakt mit dem Luftsauerstoff. Diese Oxidschicht wurde immer wieder wie eine Haut abgeschöpft. Der Gehalt der Schmelze an Silber wurde so nach und nach erhöht, bis am Schluss unter der letzten "Bleihaut" das geschmolzene, reine, glänzende, nicht oxidierbare Silber zum Vorschein kam. Man nennt dies den "Silberblick".

Mich erinnert dieser technische Vorgang an unsere Entwicklung. Wir haben auch viele "bleierne" Schichten, die sich um die Seele gelegt haben. Unser Silber ist oft nicht rein, es hat sich die Schwere des "Bleis" daruntergemischt. Das hat unser

Leben schwer gemacht, weil wir mit einer "Bleihaut" herumlaufen müssen.

Blei wird bekanntlich zur Abschirmung hochenergetischer Strahlung benutzt, was für unser Bild heißt: Die Liebe ist immer um uns, aber dieser Bleimantel isoliert uns und wir können die hohe Energie der Liebe nicht mehr spüren. Das Blei muss aufgeschmolzen werden, damit es abfällt. Wenn es in Ihrem Leben also "hitzig" wird, wundern Sie sich nicht – Sie werden befreit. Es ist *nur* Ihr Bleimantel, der dran glauben muss – also ein Grund zur Hoffnung, ja zur Freude, auch wenn es ganz anders als erfreulich aussehen mag. Bei allen dunklen Wolken am Himmel haben wir immer noch etwas in uns, das uns tragen wird, einen kleinen Funken Hoffnung – das ist der *Silber*streif am Horizont. Und deshalb:

> Haben Sie Vertrauen,
> machen Sie sich auf den Weg,
> Ihren Weg zur Liebe!

2. Kapitel:

Abschied vom Verliebtsein

Solange wir uns in der unbewussten Phase unseres Lebens befinden, dem Raupenleben, haben wir ziemlich verwaschene, wunderschön romantische, aber größtenteils falsche Vorstellungen von Liebesbeziehungen. Eigentlich haben wir von Liebe keine Ahnung, weil wir sie nie richtig erfahren, gelernt haben - und vor allem weil wir gebeugt mit unserem Rucksack voller seelischer Defizite herumkriechen, dessen Gewicht unser Verhältnis zum möglichen Partner verbiegt. Wir sind wie durstige Wanderer in der Wüste, die eine Oase suchen. Wir stürzen uns also auf alles, was nach Oase, nach "Wasser" aussieht.

Da begegnen wir einem Menschen, der uns irgendwie magisch anzieht, der uns gefällt. Sein Verhalten, sein Tun, sein Sein, sein Körper - alle Signallampen leuchten auf, alle Antennen gehen auf Empfang: tolle Frau, toller Typ! In diesem Augenblick werden alle dazugehörigen Daten in uns abgerufen. Wir scannen den anderen mit allen unseren "Programmen". Diese Prüfprogramme sind ein Mix aus allen möglichen Bildern, Erfahrungen, Vorstellungen, Wünschen und Träumen, die wir im Laufe des Lebens aufgebaut haben. Es sind unbewusste, frühe Kindheitserfahrungen, Vorbilder, die uns unsere Eltern, das Fernsehen, Medien, Freunde, einfach unsere ganze Umwelt vermittelt haben. Wir prüfen etwas für unser Leben so Entscheidendes wie die Partnerwahl mit ungeprüften weil wahllos übernommenen Programmen. Ergibt diese Prüfung ein Okay, macht es klick und wir sind verliebt. Der andere ist für uns einfach supermegatoll, und wenn wir mit ihm oder ihr tatsächlich eine Beziehung haben können, fühlen wir uns wie die Größten. Endlich hat es geklappt, die große Liebe, mein Traum und, und, und ... Erkennen Sie sich selbst in dieser Beschreibung?

◉ ◉ ◉

Liebe macht (nicht) blind

"Liebe macht blind", sagt das Sprichwort, meint aber eigentlich nicht die Liebe, sondern diesen Zustand des Verliebtseins, die rosarote Brille. Mit dieser Brille erkennen wir im Geliebten jedoch nicht den Menschen, der er oder sie in Wahrheit ist. Was wir lieben, ist lediglich ein Phantom, eine Vorstellung, sein Bild, das wir von ihm haben, das im Grunde ja nichts anderes als das Spiegelbild unseres "Speicherinhalts" ist. Wir sehen nicht den ganzen Menschen, sondern bestimmte Eigenschaften, von denen wir uns, meist unbewusst, den Ausgleich unserer Defizite erhoffen. Wir haben einzig und allein unser sehnsüchtig-unerfülltes Sein auf den anderen projiziert. Wenn diese Projektionen auch noch gegenseitig erfolgen – na dann, gute Nacht.

Vielleicht halten Sie mich jetzt für einen kopflastigen Theoretiker oder Asketen, schließlich geht es doch um wunderbare Gefühle, um Lust und Lebensfreude. Keine Sorge – ich gönne Ihnen und auch mir alles Schöne im Leben. Was ich sagen will, ist etwas anderes. Uns geht es, wenn wir das einmal wirklich ganz, ganz ehrlich und tief in uns hinterfragen, im Zustand des Verliebtseins leider gar nicht um den anderen Menschen und nicht darum, ob er uns und ob wir ihm guttun. Wir suchen nur diese Glücksgefühle. Sie sind die *treib*ende Kraft in uns, weil sie unsere Sehnsucht nach Liebe und Geborgenheit zu stillen scheinen. Aber so sind wir niemals Liebende, sondern Getriebene, wir verhalten uns mehr oder weniger *trieb*haft. Das ist aber kein Ausdruck echten Menschseins, sondern bloße Bedürftigkeit, Abhängigkeit. Wir spielen, wenn auch nicht unbedingt absichtlich, miteinander und verletzen uns am Ende nur gegenseitig. Das Verliebtsein geht am anderen, an seiner Seele, an seinem Wesen vorbei. Dieses Wesen haben wir noch gar nicht richtig *wahr*genommen, wir haben vielmehr gefiltert, ausgesiebt, was uns an ihm oder ihr interessierte. Viele zerbrochene Beziehungen erzählen diese traurige Geschichte.

☉ ☉ ☉

Wenn die Oase kein Wasser mehr hat

Wenn wir auf unserer "Wüstenwanderung" also etwas "Oasenähnliches" gefunden zu haben glauben, wissen wir von alldem natürlich noch nichts. Wir wollen nur trinken, trinken und überlegen nicht lange. Irgendwann bemerken wir aber doch, dass die Oase wohl eher eine Fata Morgana war und das Wasser langsam knapp wird. Die Oase war nämlich selbst durstig, und der begrenzte Wasservorrat der Verliebtheit geht schnell zu Ende, weil es an Nachschub fehlt. Denn solange wir im Zustand der Isolation sind, solange wir uns nicht selbst gefunden haben, fehlt uns die Verbindung zur echten Quelle, zur unendlichen Liebe, zur universellen Liebe.

Die Bibel (Johannes 4,13) erzählt, wie Jesus am Brunnen Jakobs eine Frau trifft und ihr erklärt, dass, wer vom Wasser dieses Brunnens trinkt, doch wieder durstig wird. Und er spricht zu ihr von einem anderen, lebendigen Wasser, das uns nicht mehr durstig werden lässt. Damit ist unser Durst wirklich gestillt, weil dieses Wasser zu einem Brunnen in uns wird, der ewig sprudelt.

Dieses Gleichnis Jesu gilt auch für den Unterschied von Verliebtsein und Liebe. Verliebtsein und all das andere, was wir mit Liebe verwechseln, lässt uns immer wieder durstig werden. Wenn wir dagegen wirkliche Liebe gefunden haben, wird sie zur Quelle in uns. Unser Durst, unsere Sehnsucht ist dann in uns selbst gestillt.

Das Zusammensein, so romantisch-schmusig es auch sein mag, erinnert uns zwar an das Gefühl "Liebe", aber es überwindet in uns nicht die Getrenntheit von der Quelle. Das in uns tief verborgene Lebensgefühl "Liebesmangel" bleibt trotzdem bestehen und meldet sich immer wieder neu. Es ist so ähnlich, wie wenn sich zwei Blinde auf der Suche nach einem Führer treffen. Da sie voneinander nicht wissen, dass der andere ebenfalls blind ist, freuen sie sich, endlich jemanden gefunden zu haben, und klammern sich an ihn. Solange der Weg gerade und ohne Hindernisse ist, klappt es mit den beiden auch scheinbar - bis sie über einen Stein stolpern und beide fallen. Dann gibt einer dem anderen die Schuld, und der Streit ist da. Beziehungen dieser Art enden in endlosen unterschwelligen oder offenen Machtkämpfen. Im Grunde ist der ganze Vorgang eine Art unbewusster Versuch der Beteiligten, aus der Zweisamkeit Lebensenergie abzuzapfen, von der Energie des anderen zu leben.

James Redfield hat in seinem Buch und Film *Die Prophezeiungen von Celestine* den Kampf um die Lebensenergie zwischen

Menschen, insbesondere auch in Beziehungen, eindrucksvoll dargestellt. Wir sind Energie und beeinflussen uns energetisch immer gegenseitig. Beziehungen sind keine Angelegenheit unseres bewussten Verstandes, sondern energetische Verbindungen, Wechselwirkungen. Anstatt Energie voneinander beziehen, abziehen, ja stehlen zu wollen, wäre es unsere Aufgabe, zur unerschöpflichen, göttlichen Quelle in uns zu finden und uns gegenseitig mit guter Energie zu unterstützen. Dann erst können wir uns wahrhaft dienen und uns gemeinsam auf eine höhere Ebene der Kraft und des Bewusstseins heben. Beziehungen brauchen diese übergeordnete Quelle, aus der sie ihre Kraft beziehen.

Gut ist allerdings, dass – egal, was wir falsch machen – doch alles so kommt, wie es kommen muss. Wir bekommen nicht, was wir gerne hätten – wir bekommen *mehr*, denn wir bekommen tatsächlich genau das, was wir brauchen ...

⊙ ☉ ⊙
Absturz von Wolke sieben

Wenn sich die rosaroten Wolken nach und nach verflüchtigen und der Nebel sich lichtet, die "Ent-*Täuschung*" sich in unsere Beziehung einschleicht, wollen wir es zunächst meist nicht wahrhaben. Unser Ego hält an der Täuschung fest, weil es stets recht behalten möchte und sich an das "himmlische" Gefühl klammert, das für uns *die* Erfüllung war. Sind wir blind, unbewusst in die Beziehung gegangen, verschließen wir jetzt krampfhaft die Augen vor der Wahrheit, der ernüchternden Wahrheit. Wir suchten den Rausch, aber den Kater wollen wir nicht haben. Ab jetzt wird unsere Beziehung zur Lüge ...

Beobachten Sie doch selbst einmal in Ihrem Bekanntenkreis, was allgemein in Beziehungen gang und gäbe ist. Meine Beobachtung ist, dass es gerade die heißen, leidenschaftlichen Liebesaffären sind, das "Schmusi-Schatzi ohne Ende", das absturzgefährdet ist. Zuerst kann man sich unendlich gut *leiden*, am Ende *leidet* man ohne Ende. Leidenschaft schafft Leiden.

Merken Sie sich: Liebe leidet nicht, Liebe ist frei und liebt "einfach nur", Liebe ist pur. Alles andere sind nur großartige Illusionen, die wir für Liebe halten und die wir landauf, landab so gern mit Liebe verwechseln.

Wenn wir also bemerken, und wir bemerken das im Grunde schnell, dass uns unsere Felle davonschwimmen und der Absturz von Wolke sieben droht, versuchen wir, die Illusion zu retten – und wir beginnen meist damit, uns selbst und dem Partner etwas vorzumachen. Damit verleugnen wir wesentliche Grundqualitäten jeder echten Begegnung: Achtsamkeit und Aufrichtigkeit. Ohne Offenheit kann es keine Nähe geben. Ohne das ehrliche Mitteilen unserer Gefühle leben wir aneinander vorbei und verletzen uns früher oder später gegenseitig – je später, umso heftiger.

⊙ ☉ ⊙

Liebe aus dem Reservekanister

In der Phase, in der wir die Augen vor der Wahrheit verschließen und die im Grunde nur ein Ausdruck inneren Widerstandes gegen das Sein, das Leben und unsere eigene sowie die Wahrheit des Partners ist, greifen wir oft zur letzten Reserve, der Notration sozusagen. Körperliche Nähe, Sexualität und erotische Anziehung vermitteln uns das wohl intensivste Gefühl von Gemeinsamkeit, von Geliebtwerden. Dabei gibt es einen Aspekt körperlicher Nähe, wie ihn auch das Kind erstmals als Liebe erfährt. Dieser Aspekt ist Teil unserer menschlichen Natur und will und darf auch von uns Erwachsenen gelebt werden: Wir gehen Hand in Hand, umarmen uns, sind zärtlich - auf natürlich entspannte Weise, nicht aus erotischer Anziehung heraus. Diese Nähe ist hier jedoch nicht gemeint. "Liebe aus dem Reservekanister" meint den Versuch, die sexuelle Energie als Flucht vor der Wirklichkeit zu missbrauchen. In unserer Sehnsucht nach Liebe und in der Angst, diese wieder zu verlieren, drängt es uns danach, den anderen "haben" zu wollen, in Besitz zu nehmen. Wir suchen die Liebe im Bett, wir ziehen das "letzte Register".

Die Wahrheit holt uns allerdings schneller ein, als uns lieb ist. Wir stehen dann nicht nur mit leerem Tank da, sondern auch der Inhalt des Reservekanisters hat sich als trügerisch erwiesen, weil wir die intensive körperliche Nähe mit der *inneren* Nähe, der wahrhaft *innigen* Verbindung, sprich der Liebe zwischen zwei Menschen, verwechselt haben. Täuschung und nochmals Täuschung.

⊙ ⊚ ⊙

Alles war nur heiße Luft

Wenn unsere Luftschlösser in sich zusammengefallen sind und die Seifenblasen platzen, stehen wir vor unseren Scherbenhaufen. Wir sind endlich mit der Wahrheit konfrontiert. Da platzen dann plötzlich Dinge aus uns heraus, die wir so gar nicht gesucht hatten. Wir ärgern uns übereinander, über alle möglichen und unmöglichen Eigenschaften des Partners. Ob wir es wahr haben wollen oder nicht, wir erkennen allmählich doch, mit wem wir da eigentlich zusammen sind. Und das gefällt uns oft nicht mehr.

Was wir aber selten erkennen, ist dagegen *unser* Anteil an der Misere. Der eigene Anteil ist immer unser Widerstand gegen "das, was ist". Widerstand erschafft immer Leiden – egal, was der andere tut. Der andere ist nur der Aufhänger für unsere eigene, alte Unzufriedenheit und Unerfülltheit, die der wahre Grund unseres Schmerzes ist.

Eigentlich hätten wir genau jetzt die große Chance, uns einzulassen auf einen Menschen mit Schwächen und Macken, die Chance, endlich Liebe zu lernen. Aber genau das ist die große Herausforderung, denn wir müssen zuerst einmal unsere Programme umschreiben und unsere Sehnsucht heilen. Manche Paare schaffen dies, viele nicht und trennen sich dann frustriert und ausgeblutet früher oder später. Meistens glauben wir dann, der andere sei schuld, unfähig zur Liebe, sie oder er wäre eben nicht die oder der Richtige gewesen; und wir suchen weiter – Erfolgsaussichten: gleich null!

☉ ⊙ ☉

Suchen, nicht mehr versuchen ...

Wir müssen uns an dieser Stelle über eines klar werden: Die Heilung unserer Seele und unserer Sehnsüchte ist ein Weg, eine Entwicklung, die wir nicht von heute auf morgen hinter uns bringen können. Wichtig ist aber nicht, wie weit wir schon sind, sondern dass unsere Richtung stimmt, dass wir voranschreiten, auch wenn es oft eher ein Vorwärtsstolpern ist. Jeder auch noch so kleine, vielleicht unbewusste Fortschritt, jede hilfreiche Erfahrung, auch wenn sie schmerzhaft sein sollte, ist wertvoll. Im Grunde ist es ein lebenslanger Prozess.

46

Auch die Natur lehrt uns diese Verwandlung. Die Raupe wird nicht sofort zum Schmetterling. Sie muss sich zuerst einmal verpuppen, nach innen gehen, ruhen, sich im Geheimen verwandeln. Die innere Arbeit, der Rückzug und die Besinnung auf uns selbst vollbringen dies genauso bei uns. Und die Natur lehrt uns, dass alles in Zyklen verläuft. Die Jahreszeiten wiederholen sich, und auch wir erleben Phasen des Rückzugs zu uns selbst und Phasen, in denen wir im Äußeren "bearbeitet" werden. Von Zeit zu Zeit werden deshalb äußere Impulse Energie in bestimmte wunde Seelenpunkte fließen lassen.

Damit wir Liebe lernen können, brauchen wir Begegnungen mit Partnern. Ich meine damit nicht, dass wir mit der Liebe spielen, mit Beziehungen wild herumprobieren sollten. Versuche helfen uns nicht weiter, wenn wir das Gute suchen. Wir haben als Menschen den Wesensauftrag, achtsam miteinander umzugehen und verantwortlich zu handeln. Ich spreche aus Erfahrung, denn auf meinem eigenen Weg hatte auch ich dies manchmal vergessen und Beziehungen zum Experimentierfeld gemacht – verletzend für mich wie für meine Partnerinnen. Aber wenn wir den Impuls einer Begegnung wirklich brauchen, wird sie tatsächlich auf uns zukommen ...

Nach den enttäuschenden Erfahrungen meiner bereits erwähnten "Chaosbeziehung" erlebte ich eine mehrjährige Phase des Rückzugs und der Beschäftigung mit mir selbst. Und diese Zeit war gut, wohltuend und schön. Zunehmend wandelte sich mein früheres Gefühl des "getrennten Alleinseins" in das wunderbare, neue Gefühl des "verbundenen" Alleins-Seins. Der Aufenthalt in der Natur und verschiedene wohltuende Auszeiten schenkten mir immer öfter das Empfinden grenzenloser Ruhe und inneren Friedens. Ich machte schöne Urlaube und genoss meine Freude am Leben. Ich freute mich oft einfach an mir selbst, daran, dass *in mir* jetzt so viel Freude war, dass ich nach all den Jahren voller Sehnsucht auch durchaus wunschlos und ohne Partnerin glücklich sein konnte. Einsamkeit ist etwas unendlich Kostbares, es ist die Chance, das zu tun, was für unser Leben das Wichtigste ist: sich um uns selbst zu kümmern. Und das hatte ich offensichtlich gut gemacht, denn nun gab mir das Leben einen frischen Impuls für meine Entwicklung.

⊙ ⊙ ⊙

Was wir brauchen, findet uns

Während einer meiner Urlaubsreisen war in der Reisegruppe eine jüngere Frau mit von der Partie. Eigentlich hatte sie mich nicht sonderlich beeindruckt, ich hatte mich nicht wirklich für sie als mögliche Partnerin interessiert, aber es war da doch etwas, ein Lächeln vielleicht, äußeres Gefallen, ein bisschen Interesse. Sie zog innerhalb der Gruppe einfach meine Aufmerksamkeit auf sich. Ich suchte kein Urlaubsabenteuer und bemühte mich darum, neutral zu bleiben, aber es war nicht zu verhindern – meine alte Sehnsucht flammte erneut auf.

Ich konnte es nicht verstehen, warum es mich so erfasste, aber es war da, *sie* war da. Ich begann zu beten, innerlich um Orientierung zu bitten. Dann ergab sich eine Situation, die wie eine merkwürdige Verkettung von Zufällen aussah, aber ich spürte, dass ich gezielt dahin geführt wurde. Wir verbrachten einen Tag allein, ohne Gruppe, am Strand. Nein, denken Sie bitte nichts Falsches, ich erzähle keine erotische Geschichte. Wir haben einfach nur den Tag genossen, das Meer, die Sonne. Es war ein ganz natürliches Zusammensein, bei dem uns der Gesprächsstoff nicht ausging. Am Ende des Tages blieb ein wunderschönes Erlebnis, und als ob der Himmel meine Freude teilen würde, färbte er sich – nur für wenige

Minuten – zum Sonnenuntergang über dem Meer in Farben, wie
er es die ganze Reise über nicht schöner getan hatte.

⊙ ⊛ ⊙
Abschied vom Verliebtsein

Vieles hatte mich berührt, bewegt, und mir wurde klar, dass es
zur Freude an der Natur, der Freude am Alleins-Sein noch eine
Steigerung gibt – nämlich das alles gemeinsam erleben zu können.
Ich konnte in dieser Begegnung nun erstmals bewusst einen Lern-
und Heilungsprozess erkennen, der sich später fortsetzen sollte.
Mein Empfinden hatte somit eine erste erkennbare Wandlung erfahren. Es waren nicht mehr diese alten Projektionen, nicht mehr
die rosarote Brille, nicht die Sehnsucht nach *dieser* Frau, es war
jetzt vielmehr ein allgemeiner Ausdruck meines Herzenswunsches,
die Liebe, die ich nun in mir selbst gefunden hatte, auch in der
Gemeinsamkeit und Nähe einer Partnerschaft leben und ausdrücken zu können. Ich konnte nun den weiblichen Pol in meinem
Leben erfahren. Es war nicht mehr das alte Schema der Bedürftigkeit. Es war die Liebe in mir, die Liebe, die sich einfach ausdrücken
wollte. Die Liebe, die ganz natürlicherweise strömen will, wenn
wir sie fühlen. Es war anders als früher. Das Verliebtsein hatte sich
tatsächlich von mir verabschiedet.

Meine Ausführungen über den Abschied vom Verliebtsein
wollen ganz und gar keine Absage an Schönheit, Lebensfreude und
Glücksgefühl sein – im Gegenteil, unsere Träume dürfen sich sehr
wohl erfüllen, aber eben wirklich und nicht nur scheinbar. Meine
Absage gilt diesem trügerischen Schein, der *Selbst*täuschung, der
die *Ent*täuschung folgt. Meine Absage gilt dem Glauben, der andere
könne aus uns mehr machen, als wir sind, könne uns glücklich

machen. Das Ende der Illusionen ist in Wahrheit erst der Anfang der Liebe. Es geht um das Ja zu uns selbst, zum Leben und zu dem Potenzial, das sich in und durch uns entfaltet, sobald wir frei sind, frei werden, klar sehen und in Liebe unseren Weg gehen.

⊙ ⊙ ⊙

Das Ende der Sehnsucht

Jedes Ende ist ein neuer Anfang – eine alte Weisheit. Auf meinem persönlichen Erfahrungsweg wurde ich nach diesem Ereignis zu einem solchen Ende geführt. Das Urlaubserlebnis, von dem ich erzählt habe, war wie ein Zündfunke, ein Feuer, das mich nun wieder zu meiner alten, chaotischen Beziehung hinlenkte, die ich nach den vielen Enttäuschungen längst abgebrochen hatte. Inzwischen waren sechs Jahre vergangen, aber ich merkte, dass die Zeit entgegen dem bekannten Sprichwort nicht alle Wunden heilt und es noch etwas gab, was offen geblieben war. Es waren Gedanken, nicht alles richtig gemacht zu haben, mit meinem Rückzug vielleicht Chancen verschenkt zu haben, Worte nicht ausgesprochen zu haben, Gefühle nicht mitgeteilt und geklärt zu haben.

Also dachte ich: "Tu es jetzt!" Und so habe ich wieder Kontakt zu meiner alten Freundin gesucht, und wir haben einen freundschaftlichen Austausch neu aufleben lassen. Bei uns beiden entstand der Wunsch, auf einer freundschaftlichen Basis wieder gemeinsam etwas zu unternehmen. Es kamen Erinnerungen an die gemeinsamen, eben auch schönen Zeiten und Erlebnisse hoch. "Alte Liebe rostet nicht", sagte ich mir und war offen für eine neue Begegnung. Dreimal haben wir es dann versucht. Dabei durchlief ich wie im Schnelldurchgang nochmals die alten Beziehungsthemen. Meine Sehnsucht erfasste mich ein letztes Mal

50

total – ähnlich wie bei den Schuldgefühlen gegenüber meinem Vater. Und ich erfuhr wieder diese grenzenlose Befreiung – meine Sehnsucht war am Ende, und ich war an einem neuen Anfang.

⊙ ⊙ ⊙
Endlich frei

Ich war endlich ganz bei mir selbst angekommen, frei von Abhängigkeit – aber nicht frei von Liebe, sondern auf eine ganz neue Art von ihr erfüllt. Jetzt weiß ich, dass Liebe in mir ist und dass Liebe das Einzige ist, das bleibt. Ich weiß, dass Liebe und Freiheit untrennbar zusammengehören. Wenn wir uns selbst und gegenseitig lieben, spielt es letztlich keine Rolle, ob wir zusammenkommen oder nicht. Was zählt, ist, dass wir frei sind – frei, um echte, gute Seelenbeziehungen einzugehen, oder frei, um getrennte Wege zu gehen, wie es richtig sein mag. Es ist dieses stimmige Gefühl von innerem Frieden, von Freude und Freisein, von der "Richtigkeit", wie Jean Liedloff schreibt, nach der wir uns ein Leben lang gesehnt haben.

Wenn wir uns von einem Menschen in Hass oder Enttäuschung trennen, ohne Liebe zu ihm gefunden zu haben, ohne ihn und die ganze Beziehungsgeschichte mit ihm bedingungslos angenommen zu haben, werden wir nie wirklich frei von diesen unguten Gefühlen, dieser unguten seelischen Verstrickung sein. Es wird etwas zurückbleiben, das uns, und sei es nur ein wenig, in unserer weiteren Entfaltung sowie in neuen Partnerschaften behindert und einschränkt. Deshalb ist es ein ganz entscheidender Schritt, alles, was wir zusammen mit dem anderen erlebt haben, Gutes und Schlechtes, all das "Sosein" unseres Partners, restlos in Liebe anzunehmen. Dann beantwortet sich die Frage, ob wir zusammengehören von allein. Die Beziehung wird in Liebe wachsen, intensiver werden – oder wir werden frei sein, um zu gehen, frei für einen echten inneren Abschied ohne Wehmut oder Groll. Es ist dann eine Trennung aus "ganzem Herzen".

Vielleicht stehen Sie gerade in einer konfliktreichen Beziehung, sind am Ende Ihres Lateins angekommen und vielleicht zum ersten Mal bereit, aufzugeben, keinen Widerstand mehr zu leisten. Dann stellen Sie sich diese letzten Fragen:

- Bin ich *wirklich* bereit, alles loszulassen, mir nichts mehr zu erhoffen, sondern alles, was zwischen uns war, in Liebe und *ohne* irgendeine noch so geringe Bewertung anzunehmen?

- Bin ich dankbar für die Erfahrung, die mir dieser Mensch ermöglicht hat – egal, wie schmerzhaft sie war? Bin ich dankbar für die Reibung, den Widerstand, den er mir ge-boten hat, damit ich aufwachen konnte?

- Bin ich bereit, diese Erfahrung zu segnen, um sie zu wandeln, zu verzeihen? Bin ich bereit, meinen Weg weiterzugehen, wohin er mich auch führen mag? Gebe ich alles und alle frei?

Wenn Sie es schaffen, hierauf aus ganzem Herzen mit ja zu antworten, dann sind Sie über sich selbst hinausgewachsen. Dann werden Sie großartige, neue Ebenen menschlicher Gemeinsamkeit jenseits der bisherigen Begrenzungen finden – echte Liebe.

Das Beste, was wir tun können, um Liebe zu finden, ist, uns zuerst einmal vom Verliebtsein, also von der rosaroten Brille, den Projektionen und allen damit verbundenen Vorstellungen, zu verabschieden. Statt zu träumen, erkennen wir im anderen einen normalen, unvollkommenen, durchschnittlichen Menschen, der nicht mehr ist als wir selbst. Wir müssen uns im Klaren sein: Im Grunde suchen wir im anderen uns selbst, die Bestätigung unseres inneren Einsseins. Das äußere Einssein kann immer nur ein Spiegel unserer Seele, unseres Seins sein. Was ich nicht mitbringe, finde ich auch nicht im anderen, denn wie ein Weiser sagte:

> Liebe ist wie eine einsame Berghütte –
> du findest nur vor, was du mitbringst.

3. Kapitel:

Die Sache mit der Leidenschaft

Unser Körper ist ein göttliches Geschenk, unsere Wohnung für dieses Leben, der Tempel unseres Geistes und unserer Seele – und er ist ausgestattet mit einer Fülle an Möglichkeiten, um dieses Leben in wunderbarer Weise leben zu können. Wir sind aber so sehr an ihn gewöhnt, dass wir ihn wie selbstverständlich benutzen. Ihn zu erhalten, ihm all das zu geben, was er braucht, dankbar zu sein für das, was er kann, fällt uns meist erst ein, wenn all das nicht mehr selbstverständlich ist, wenn uns vielleicht Krankheit oder Unfall einschränken. Dem Körper Beachtung zu schenken, ihn zu lieben, ihn gesund zu erhalten, ist unsere erste Lebensaufgabe. Unser Körper ist ein göttliches Werk.

> Die Werke des Herrn sind groß,
> zum Staunen für alle, die daran ihre Freude haben.
>
> Psalm 111

Und da unser Körper auch ein Wunder Gottes ist, ist er auch zu unserer Freude geschaffen, zur Freude *in Verbindung* mit dem Staunen, der Wertschätzung.

Diese Worte sollen am Anfang eines Kapitels stehen, in dem es um die sogenannte körperliche Liebe geht, um erotische Leidenschaft und Sexualität.

⊙ ☉ ⊙

Mann, Frau, Körperkult

Welche Rolle spielt unsere Körperlichkeit in Beziehungen? Schätzen wir unsere Körper dabei wirklich? Wenn man sich den Körperkult der heutigen Zeit ansieht, scheint der Körper, vielmehr seine Schönheit und Attraktivität, sehr wichtig zu sein. Schöne Frauen und tolle Männer werden uns auf allen Kanälen, im Fernsehen, in Filmen, Schlagern, Zeitschriften, in der Werbung und im Internet als begehrenswertes Ideal vorgeführt. Damit lassen sich ja auch gute Geschäfte machen. Weil wir schon als Kinder unwillkürlich damit berieselt werden, wundert es nicht, was wir als Ergebnis dieser Massengehirnwäsche in Schulhof und Disco zu sehen bekommen. Ich frage mich manchmal, wenn ich junge Mädchen sehe und wie sie geschminkt, gestylt und sexy aufgemacht auf die Straße gehen, wo die Persönlichkeit, der Mensch selbst bleibt. Denn alle scheinen irgendwie ähnlich auszusehen, "genormt schön" sozusagen. Alles sexy, alles cool. Erotik ist "in", und wer modern sein will, huldigt diesem Götzen.

Wenn ich diese Entwicklung sehe, dann zunächst einmal als ganz neutrale Wahrnehmung. Vielleicht ist die "Freizügigkeit" unserer Zeit einfach eine im Grunde ausgleichende Reaktion auf die Reglementierungen durch gesellschaftliche Normen früherer Zeiten, die die Menschen nicht wirklich besser gemacht haben. Beide Zustände, früher wie heute, sind aber Extreme, die nicht der Natürlichkeit entsprechen, wie sie dem Menschsein gerecht wird.

⊙ ☉ ⊙
Alles eine Frage der Einstellung

Unsere Einstellungen zur Körperlichkeit sind vielfältig, und ich lade Sie deshalb ein, meinen Gedanken zu folgen und sich Zeit zu lassen, in sich selbst hineinzuspüren und Ihre eigene Einstellung zu diesem wichtigen Thema zu prüfen und zu finden. Wir sind sexuelle Wesen, Mann und Frau, und diese Anziehung ist Teil unserer Menschlichkeit, der Ursprung aller Gemeinschaft, Teil unserer Bestimmung. Also etwas ganz und gar Natürliches, über das wir uns wohl keine besonderen Gedanken machen müssten, wenn wir im Umgang mit dieser Kraft frei wären. Wir sind aber in unserer äußerlich so freizügigen Gesellschaft gerade in diesem Punkt meist am wenigsten frei - und das stört die Liebe.

Wir verbinden mit der Sexualität besondere Lust, die unsere Gier weckt, mit Leidenschaft verknüpfen wir ekstatische Erfüllung. Liebesbeziehungen scheinen sich nicht selten auf diesen einen Brennpunkt, diesen "Höhepunkt" zu konzentrieren. Wir suchen den Reiz, den Kick. Leidenschaft ist zum Wort der Werbung geworden. Ob Schokolade, Kaffee, BIO und vieles mehr – der "Touch of Leidenschaft" ist beliebt. Schauen Sie einmal in die Regale ... Es freut mich aber zu sehen, dass bereits einige Hersteller wieder feinfühliger werden in ihrer Werbung und zum Wort "Liebe" zurückkehren. Ein leises Signal mehr, das für einen kommenden Bewusstseinswandel steht ...

Es heißt, Sex sei die schönste Nebensache der Welt. Ich bin vorsichtig mit dem Wort "schönste", vielleicht wäre es treffender zu sagen, die "begehrteste" Nebensache der Welt. Aber Nebensache ist in jedem Fall richtig. Was uns den Umgang mit dieser Nebensache so schwer macht, ist ihre Überbetonung, die ihr ihre Natürlichkeit raubt. Überbetonung bedeutet auch, dass sie in ihrer Funktion für Zwecke gebraucht, missbraucht wird, für die sie nicht geschaffen wurde. Wir sind dabei, wie gesagt, alle mehr oder weniger unfrei, und es ist eine der größten Herausforderungen, auch hier wieder zu dem zurückzukehren, was unsere natürliche Bestimmung ist – also die richtige Einstellung dazu zu finden.

Es gibt unter jungen, hauptsächlich christlich orientierten Menschen eine interessante Bewegung, die einen anderen Weg sucht: "Wahre Liebe wartet." Es ist eine Abkehr vom Beziehungskarussell des Zeitgeists, eine Abkehr von der Sackgasse Sex, eine neue Sehnsucht nach alten Werten. Aber es ist mehr als eine Regel, bis zur Ehe enthaltsam zu bleiben. Es ist der Grundgedanke, achtsam, bewusst mit dem anderen, der Liebe umzugehen und seine "Perlen nicht vor die Säue zu werfen". Man will wertschätzend mit der Körperlichkeit sowie einander umgehen und im anderen zuerst den Menschen, dann erst die Frau, den Mann suchen. Es gilt, zuerst die Nähe der Herzen zu finden, bevor die Körper es tun.

Wir denken beim Kennenlernen leider selten so. Wir überspringen die wichtigen Entwicklungsschritte der Liebe, nämlich tiefe Freundschaft, Liebe, innere Nähe und Intimität. Wenn wir nur starr ein Ziel fixieren, vergessen wir die Schönheit des ganzen Weges. Wir versäumen das, was sich auf diesem Weg an echter Intensität und Intimität erst aufbauen kann.

⊙ ⊙ ⊙

Selbstliebe oder Missbrauch?

Was tun wir uns wirklich an? Wir suchen. Und Suche führt gerne zur Sucht. Es müssen nicht Drogen und Kriminalität sein, wenn wir an Sucht denken. Unsere täglichen Gewohnheiten, unser Konsum, die Volksdrogen Kaffee, Alkohol oder Nikotin sind oft ein Ersatz für nicht gelebte Potenziale, ein Ausgleich für Überforderung, Stress und Hektik in einer künstlichen Welt.

Sexualität ist eine besondere Energie, die wir auch als einen solchen Ersatz und Ausgleich benutzen, ja sogar mehr oder weniger zur Sucht werden lassen können. Dann leben wir aber nicht Liebe, sondern missbrauchen unsere Körperlichkeit – und das tut uns und dem anderen nicht gut. Den Hunger nach Liebe, den wir auf die Sexualität projizieren, die Illusion, auf diese Weise Liebe zu bekommen, habe ich schon angesprochen.

Die bekannte Autorin Louise L. Hay berichtet in ihrem Film *You Can Heal Your Life*, wie sie als junge Frau nach Liebe hungerte und mit jedem ins Bett ging, der nett zu ihr war. Die Suche nach Sex ist in Wahrheit nicht die Suche nach Sex, sondern ein Hilferuf, ein Schrei unseres bedürftigen, inneren Kleinkindes nach Liebe. Wir suchen die Energie, die unsere Seele in Wahrheit braucht und die wir spüren wollen, irrtümlich auf einer äußeren Ebene – einer Ebene, die nicht die Quelle ist, die Beziehungen trägt. Damit machen wir den gleichen Fehler, der uns beim Schema "Verliebtsein" bereits begegnet ist.

Wenn wir leer und kraftlos sind, wenn ansonsten alles in uns "kalt" geworden ist, kann es sein, dass wir Sex unbewusst missbrauchen, um überhaupt noch eine Energie in unserem Leben zu spüren. Frauen wie Männer, die achtlos miteinander ins Bett gehen, hat schon längst die innere Kälte beschlichen, sie gehen an die letzten Reserven. Energie dagegen ist Wärme und Liebe. Mit Wärme und Liebe im Herzen verhalte ich mich achtsam und feinfühlig – vor allem *mir selbst* gegenüber.

Wir stehen bei jeder Begegnung in einem energetischen Austausch, in Wechselwirkung zueinander, und der Fluss der

Energie geht immer vom hohen Potenzial zum niedrigen. Wenn wir mit einem kraftlosen oder negativen Menschen zusammen sind, zehrt es daher an unserer Kraft, besonders wenn wir uns für den anderen öffnen, wie wir es in Beziehungen in hohem Maße tun. Einen Menschen zu mögen, sich zu ihm hingezogen zu fühlen, heißt leider noch nicht, dass er uns auch energetisch guttut. Je bewusster und feinfühliger wir auf unserem spirituellen Entwicklungsweg werden, umso stärker spüren wir diesen Energiefluss, im Positiven wie im Negativen. Positive Energie baut sich gegenseitig auf, negative zieht letztlich beide herunter. Je näher wir einem Menschen seelisch und körperlich sind, umso breiter ist dieser "Energiekanal". Therapeuten wissen um die Gefahr, Kraft zu verlieren oder mit fremden Schwingungen belastet zu werden, und müssen sich davor schützen und nach Behandlungen "reinigen". Wenn wir uns berühren, und das tun Paare intensiv, findet der Energieaustausch am stärksten statt. Wir sollten deshalb genau fühlen und prüfen, wer uns wann und wie guttut oder nicht.

Energiemangel ist immer eine Energieblockade. Die Energie kann nicht fließen, nicht ein- und ausfließen. Frische Energie kann nicht aus höheren Quellen empfangen, aufgenommen werden, "verbrauchte" oder schlechte Energie kann nicht abfließen. Blockierte Energie ist ein Energiestau, der unser Wohlbefinden beeinträchtigt. Sex funktioniert dann zum Teil als Ventil für gestaute Energie. Wir können "Dampf ablassen" und entspannen – eine Art Nebenwirkung, allerdings nicht der eigentliche Sinn der Sache. Unsere Energien natürlich im Fluss zu halten und gar keine Blockaden, keinen Stau entstehen zu lassen, tut uns dagegen wirklich gut – weil wir dann kraftvoll sind.

⊙ ⊙ ⊙
Fast-Food-Liebe – oder:
Was sind Sie sich wert?

Ich glaube, das Entscheidende ist nicht so sehr die Frage, ob oder ob nicht, sondern die Frage unserer Motivation, unserer Einstellung, mit der wir etwas tun. Niemand verbietet uns, "mir nix, dir nix" miteinander ins Bett zu gehen. Aber ist uns auch klar, was wir damit tun, was wir uns damit selbst antun?

"Mir nichts, dir nichts" ist eine Redewendung, die – wie viele andere auch – eine tiefere Weisheit aufzeigt. Im *Wort* liegt die *Bedeutung*, und unsere Sprache hat viele Botschaften, die ich in diesem Buch immer wieder heranziehe, um Zusammenhänge aufzuzeigen. Achten Sie auf die Sprache, und Sie werden viel mehr verstehen. "Mir nichts, dir nichts" besagt: Es gibt mir nichts, es gibt dir nichts, es ist wertlos, achtlos. Wir wollen den anderen Menschen eigentlich gar nicht achten, wertschätzen, wir wollen ihn oder sie nur haben, unsere Gier an ihm oder ihr stillen. Was sind Sie sich wert? Wollen Sie so mit sich, mit Ihrem Körper und Ihrem Gegenüber umgehen?

⊙ ⊙ ⊙
Sie heiraten die Seele, nicht den Körper

"Werte machen das Leben wertvoll", sagt Anselm Grün. Um das Volle, die Fülle und Erfüllung in einer Beziehung zu erleben, brauche ich Werte, die jenseits einer Fast-Food-Mentalität stehen. Wir verwechseln zu leicht den Menschen mit seinem Körper, denn in Wahrheit heiraten wir die Seele. Der Körper ist lediglich die Ebene, auf der wir uns in dieser Welt begegnen. Wir sehen

61

die körperliche Liebe einseitig und reduzieren sie mehr oder weniger auf Sex und Erotik. Damit verschenken wir einerseits die natürliche Bandbreite der Erfahrung körperlicher Nähe, die wir seit der Kindheit vermissen, andererseits übergehen wir oft den Abstand, den wir für unsere Würde im menschlichen Umgang miteinander bräuchten. Wir sind in unseren Vorstellungen so einseitig, ja geradezu blockiert, dass wir die Pole Abstand und Nähe mit all ihren Zwischenstufen gar nicht würdigen, nicht kennen. Im Extremfall ziehen wir das Spektrum so eng zusammen, dass wir mit einem Menschen ins Bett gehen, den wir nicht, kaum, wenig kennen. Wir haben noch gar keine echte, innere Nähe gefunden, suchen sie aber schon im Äußeren. Wenn wir uns in dieser Enge "zusammengezogener Nähe" nicht wohlfühlen und keine Erfüllung, sondern Leere finden, brauchen wir uns nicht zu wundern.

Ich moralisiere nicht, ich fordere Sie nur auf, ehrlich zu sich selbst zu sein und zu prüfen. Es schadet uns nicht, wenn wir vorsichtig mit Intimitäten sind. Damit richtig umzugehen, sie stimmig in eine Beziehung der Seelen zu integrieren, ist eine der schwierigsten Lektionen der Liebe. Lassen Sie sich Zeit, um zu spüren, was stimmt. Und beginnen Sie lieber eine gute platonische Beziehung, als in die nächste Enttäuschung hineinzustolpern.

⊙ ⊙ ⊙

Heißer Topf – kalter Herd

Was möchte ich denn kennenlernen? Den Menschen oder seinen Körper? Welchen Ausgangspunkt nehme ich für eine Beziehung? Die Menschen im Fernen Osten sagen: "Ihr nehmt einen heißen Topf und stellt ihn auf einen kalten Herd. Wir nehmen einen kalten Topf und stellen ihn auf einen warmen Herd." Der Ausgangspunkt "heißer Topf" ist Leidenschaft, Sex. Aber ohne Liebe, ohne "warmen Herd", kühlt der Topf aus, die Energie ist begrenzt. Wirklich warm werden wir nur, wenn die Liebe uns nährt. Dann kann eine gute Beziehung jenseits von Leidenschaft und Verliebtsein beginnen und von selbst immer "wärmer" werden.

Es mag Geschmackssache sein, ob wir eine Beziehung lieber leidenschaftlich-verliebt oder freundschaftlich-entspannt beginnen wollen. Die Chancen, eine gute Beziehung aufzubauen, stehen nach meiner Überzeugung allerdings besser für die freundschaftliche Version. Leidenschaft und Verliebtsein sind die großen Täuscher, die "Ent-Täuscher", weil wir sie mit Liebe verwechseln.

Unsere Sehnsucht, unsere Gier nach Liebe mündet in eine Sucht, die DU-Sucht, die dann in Verliebtsein und/oder Leidenschaft Erfüllung sucht – ohne sie allerdings zu finden, finden zu können. Besonders solche Beziehungen, in denen die "Kraft der Anziehung" stark im Vordergrund steht, laufen Gefahr, eine Nähe und Zusammengehörigkeit vorzutäuschen, die in Wahrheit gar nicht besteht. Das endet meist im Kampf um die Beziehungsenergie, in einem Hass-Liebe-Mix und oft in Trennung. Ich möchte damit nicht behaupten, dass Menschen, die sich leidenschaftlich, körperlich zueinander hingezogen fühlen, grundsätzlich nicht zusammenpassen. Nichts gegen leidenschaftliche Momente in einer guten Beziehung, aber das "Beziehungsmodell Leidenschaft" können Sie vergessen – restlos ...

⊙ ⊙ ⊙

Tausend Zärtlichkeiten

Ich bekomme laufend Liebeserklärungen. Von Erwachsenen und von Kindern. Ich nehme solche Wertschätzungen als etwas Natürliches und ohne in Stolz zu verfallen an. Ich nehme sie innerlich, manchmal auch mit schlichten Worten des Dankes an. Es ist etwas ewig Wunderbares zu spüren, dass uns Liebe entgegengebracht wird, dass uns Menschen einfach mögen. Der Ausdruck dieser Liebe und Wertschätzung ist so vielfältig wie die Menschen selbst. Es kann ein Blick sein, der alles sagt, ein Händedruck, ein Lächeln, manchmal eine schlichte Berührung, eine freundschaftliche Umarmung, ein Brief, ein Geschenk, der Anruf eines Freundes und vieles mehr. Es ist nie etwas Aufgesetztes, immer ist es das, was von Herzen kommt, das Spontane, das sagt: Ich freue mich, dir zu begegnen, ich schätze dich, ich mag dich.

Seit einiger Zeit helfe ich ab und zu in Kindergruppen mit. Der Umgang mit Kindern ist etwas immer Neues und Erfrischendes. Besonders berühren mich die "Liebeserklärungen" der Kinder. Die Kinder berühren mich seelisch. Wenn ein Kind zu mir sagt, es möchte ganz nahe bei mir sitzen, wenn es mir sagt "Ich hab dich lieb", dann kommen mir fast die Tränen. Man sagt, Kinder und "Narren" würden die Wahrheit sagen. Eines erlebe ich bei ihnen, bei Kindern oder "einfältigen" Menschen, jedenfalls: Echtheit, pures Sein, bedingungslose Liebe.

Wie echt sind wir noch? Sind wir noch menschlich zueinander, folgen wir unserem Herzen? Gehen wir auf einen Fremden ein, dem wir begegnen, sind wir spontan? Berühren wir einen Freund, wenn wir den Impuls dazu bekommen? Auch wenn es bei vielen Paaren zärtlich zugeht, so glaube ich doch, dass wir die Vielfalt körperlicher Zuneigung nicht ausschöpfen. Weil wir eben meist einseitig erotisch motiviert sind, vergessen wir viele Zärtlichkeiten, all die "Streicheleinheiten", die zu den schlichten, aber so entspannt-wohltuenden menschlichen Berührungen gehören. Sich aneinander zu lehnen, Hand in Hand zu gehen, auf einer Parkbank entspannt Arm in Arm zu sitzen, die Wärme des anderen zu spüren, seinen Atem – all das können erfüllende Momente sein, die kein "Mehr" brauchen. Zärtliche Momente tun uns gut. Aber sie lassen sich nicht erzwingen. Damit sie natürlich und schön sind, müssen sie sich ergeben. Sobald wir uns mit einem Wollen, mit unserer Bedürftigkeit danach einmischen, ist der Zauber dahin. Das gilt für alles, was wir tun. Wir sollten offen sein für den Augenblick, den wir nicht "produzieren" können. Das Ziel ist das berühmte Leben im Hier und Jetzt.

◉ ◎ ◉

Ganzheitlich lieben

Wenn ich in diesem Kapitel vom Körper und körperlicher Liebe spreche, ist es wichtig, immer daran zu denken, dass unser Körper zur Ganzheit unseres Seins gehört – nicht mehr und nicht weniger. Liebe ist ein Empfinden, das wir ganzheitlich fühlen. Wenn unsere Seele in ihrem Empfinden dem Partner nicht nahe ist, nutzt uns die ganze Erotik und Schmuserei letztlich nichts, wir finden keine Nähe. Zur körperlichen Nähe gehört nun mal die innere Nähe, die Liebe und die Vertrautheit zueinander, aber auch die Freiheit von Bedürftigkeiten. Dann erst findet man das natürlich-entspannte, stimmige Maß, das wirklich wohltuend ist.

Spüren Sie hinein in die Situationen. Wann sind Sie Ihrem Partner wirklich nah? Im Bett – oder nicht vielmehr in all den tiefen, gemeinsamen Erlebnissen und Situationen des Lebens? Und umarmen Sie nicht nur den geliebten Menschen, umarmen

Sie vor allem das Leben, Ihr Leben, Ihr ganzes Sein. Dann entstehen diese wunderbaren Momente der Nähe, an die Sie sich lange erinnern werden.

Ich erinnere mich an einen warmen Sommerabend, als ich mit einer Freundin noch einen Spaziergang machte. Wir ließen das Licht der Straßen hinter uns und gingen hinaus an den Waldrand. Der Sternenhimmel funkelte klar, und wir schauten beide nach oben. Es war etwas anstrengend, den Kopf so nach hinten zu beugen, und ich dachte für mich: "Wenn jetzt nur eine Bank da wäre." Keine zwanzig Meter weiter tauchte die gewünschte Bank wie hingezaubert tatsächlich am Wegrand auf, wir setzten uns und schauten wieder in die Sterne. Auch das war anstrengend, und als meine Freundin darüber eine Bemerkung machte, legte ich den Arm um sie, damit ihr Nacken eine Stütze bekam. Es war so spontan, so "ungeplant" schön und erfüllend, dass es nichts gab, was ich mir noch gewünscht hätte. Ich habe mich ihr so nahe gefühlt wie selten zuvor.

Sex und Leidenschaft dürfen sein – zu ihrer Zeit. Aber wir sollten nicht danach suchen, damit nicht spielen, uns nicht einmischen, nicht "drängeln", sondern der Liebe erlauben, ihre Zeiten selbst zu wählen. Kürzlich las ich in einer Zeitung einen Bericht über eine neunfache Mutter. Die Frage, warum sie so viele Kinder habe, beantwortete sie mit dem schlichten Satz: "Wenn man sich liebt, kommen die Kinder eben."

Die Liebe ist es, die sich auf der körperlichen Ebene ausdrückt – nicht umgekehrt. Über den Körper finden wir nicht die Liebe. Das ist der Unterschied. Ich glaube, es gilt, jenseits des Sexglaubens unserer Zeit die wahre Liebe und ihren körperlichen Ausdruck neu zu entdecken, die Kostbarkeit unseres Körpers zu schätzen und echte, achtsame Nähe und Verbundenheit zu entfalten – egal, ob mit oder ohne Sex.

4. Kapitel:

Rückkehr zur Freundschaft

Nehmen wir an, Sie haben es nach dem Kampf durch das Beziehungsdickicht, nach all den Irrwegen tatsächlich geschafft, die alten Illusionen hinter sich zu lassen. Sie haben keine falschen, romantischen Vorstellungen von Partnerschaft mehr und wissen nun, dass kein anderer Mensch Sie glücklich machen kann, sondern dass alles an Ihnen selbst liegt. Nehmen wir an, die alten Widerstände, die Bedürftigkeit, die ewige Sehnsucht ist tatsächlich von Ihnen abgefallen, wie dürres Laub im Herbst von den Bäumen fällt. Und dann stehen Sie vielleicht erst einmal nackt da, voller Ernüchterung, ohne zu wissen, wann und ob das Frühjahr kommt. Nehmen wir an, Sie haben in der Ruhe des Winters dann Liebe in sich selbst gefunden und haben nun tatsächlich das Gefühl, frei zu sein, niemanden mehr zu brauchen.

Nehmen wir an, Sie haben also das Beziehungsleben der hungrigen "Raupe" durchlebt und sich nun verpuppt. Sie mussten Ihr altes "Liebes-Leben" loslassen, die alte Haut schmerzhaft abstreifen. Jetzt ruhen Sie als Puppe und warten auf Ihr neues Leben als Schmetterling. Dann werden Sie sich fragen, wie dieses neue, völlig unbekannte Dasein aussehen wird ... Und da Sie ja nur das gefräßige Raupenleben kennen, werden Sie sich Ihre Neugeburt nicht vorstellen können. Sie müssen zuerst einmal aufs "Fressen" verzichten und können noch gar nicht glauben, wie Sie künftig von "Luft und Liebe" leben sollen. Die große Frage lautet: Was kommt nach der Raupe?

⊙ ⊙ ⊙

Leicht wie ein Schmetterling

Wenn wahre Liebe weder im Rausch des Verliebtseins noch in romantischen Idealen noch in außergewöhnlichen, leidenschaftlichen Gefühlen zu finden ist, wenn mir mein Partner also im Grunde *gar nichts* geben kann, was ich nicht schon *in mir* gefunden habe, was könnte dann eine Beziehung überhaupt noch interessant machen? Was bleibt jenseits des falschen Scheins und jenseits der Lust an der Lust?

Die Leichtigkeit des Schmetterlings ist für mich ein Symbol der "anderen" Qualität, die auf unsere Entdeckung wartet. Es sind nicht mehr die "schweren" Dinge, es ist etwas viel Feineres, Zarteres, Edleres. Liebe ist kein Wettrennen, nichts, was wir erzwingen können, weswegen wir uns abstrampeln müssten. Wir dürfen getrost allen Ballast abwerfen, der uns bisher daran gehindert hat, Freude und Leichtigkeit in Beziehungen zu erleben. Liebe ist ein Prozess, der sich nach seinem eigenen Plan vollzieht, und wir können nichts weiter tun, als es geschehen zu lassen, Liebe geschehen zu lassen. Sobald wir es schaffen, entspannt und gelassen zu bleiben, werden wir offen für die wahre Tiefe, die in uns ist. Alle großen Dinge, die wirklich zählen im Leben, sind einfach und schlicht, es sind die scheinbaren Kleinigkeiten, die Dinge, die wir ohne Überlegung aus dem Herzen heraus tun, die vielen kleinen Akte der Menschlichkeit, des Mitgefühls. Es geht gar nicht darum, der ultimativen Beziehung hinterherzurennen, die Traumfrau, den Traummann zu finden. Es geht darum, die Qualität echter Begegnungen von Mensch zu Mensch zu leben. Diese Qualität beginnt nicht erst bei der "großen" Liebe, sondern auf der Ebene, auf der jede innige menschliche Beziehung beruht: der Freundschaft.

⊙ ⊙ ⊙

Liebe beginnt mit der Freundschaft

Freunde stehen nebeneinander und richten ihren Blick nach vorn, sie blicken auf eine gemeinsame Sache. Gemeinsame Interessen und Ziele stehen im Vordergrund. Inhalte geben einer Freundschaft Halt, nicht die andere Person, an die sich Verliebte klammern. Sie kennen alle gute Freundschaften. Da hat man vielleicht nur selten miteinander zu tun, wohnt vielleicht weit voneinander entfernt, aber man freut sich einfach, wenn man wieder Kontakt hat. Solche Kontakte sind zwanglos, entspannt und stabil, über lange Zeiten hinweg. Freundschaftliche Beziehungen sind gut, weil sie nichts fordern, weil sie den anderen nicht überfordern. Wir erwarten nichts Besonderes voneinander, wir sind einfach nur offen für die Möglichkeiten, Gemeinsamkeit zu pflegen. Das ist anspruchslos und natürlich. Eigentlich ist es komisch: Nur wenn es um Liebesbeziehungen geht, machen wir es uns unnötig schwer – wir erwarten, ja wir fordern vom Partner mehr als von einem Freund. Muss das wirklich sein?

Gut, Partnerschaft soll und darf mehr sein als eine "beiläufige" Freundschaft, aber es ist die Erwartung, dieses "Mehr", das den Druck erzeugt, der uns und der Liebe nicht guttut. Dieser Druck

muss aber nicht sein, wenn wir den Wert der Freundschaft wieder-
entdecken und neu schätzen lernen. Es lohnt sich, derartige Erfahrungen bewusst zu suchen, freundschaftliche Kontakte zu pflegen, Bekanntschaften, in denen es um Gedankenaustausch oder
gemeinsame Unternehmungen geht. Das kann auch eine gemeinsame Reise, ein Urlaub sein, den man miteinander gestaltet.

Mit einer Bekannten, mit der ich seit einigen Jahren in einem
solch freundschaftlichen Kontakt stehe, bin ich zum Beispiel für
einige Tage zum Wandern in die Berge gefahren. Wir haben einfach
zwei Einzelzimmer genommen und sind dann von morgens bis
abends zusammen gewesen. Es war eine stimmige, entspannte Gemeinsamkeit, die sich selbst genügte. Wir erlebten die Schönheiten
der Natur, alles, was um uns herum war – Menschen, Situationen,
Regen, Sonnenschein, Schönes, Eindrucksvolles, ja Lustiges, was
uns noch heute zum Lachen bringen kann. Es war eine reiche, erfüllte Zeit für uns beide, innerlich weit mehr als ein paar Tage ...

⊙ ⊙ ⊙
Liebe beginnt mit der Wahrnehmung

Unsere Aufmerksamkeit richtete sich vor allem auf das Leben
um uns herum, auf die Natur, nicht so sehr aufeinander. Und
doch – oder gerade deshalb – war es eine wundervolle Gelegenheit, um sich besser kennenzulernen, um all die Feinheiten im
Wesen des anderen ganz neutral und doch intensiv zu erfahren.
Ich habe dabei manches Liebenswerte entdeckt, was mir "auf den
ersten Blick" nicht aufgefallen war.

Liebe beginnt mit der Wahrnehmung, damit, dass ich den
anderen vollkommen natürlich erlebe. Ich schenke ihm oder ihr

70

meine Offenheit, Aufmerksamkeit, mein Wohlwollen, bleibe aber frei von Erwartungen, Absichten, Bewertungen – weder positiven noch negativen. Ich bin, wie ich bin, und ich darf so sein – du bist, wie du bist, und du darfst so sein. Es ist die natürliche menschliche Haltung zueinander, wie sie kleine Kinder von sich aus haben. Mama ist einfach Mama, Papa ist Papa. Sie machen sich keine Gedanken darüber, wie wir aussehen, welche Weltanschauung wir vertreten, wie wir uns kleiden, wie wir wohnen, was wir sind, arbeiten, essen, trinken, welches Auto wir fahren, ja nicht einmal darüber, ob wir uns waschen und ordentlich sind oder nicht. Wenn wir uns in solcher "kindlicher" Freiheit und Leichtigkeit begegnen, können wir wirklich zueinanderfinden und das Wesen des anderen kennen, schätzen und annehmen lernen. Liebe ist Annehmen, und das Annehmen beginnt mit dem Wahrnehmen, sprich: den anderen in seiner eigenen Wahrheit erfahren.

Aus der Bedürftigkeit heraus ist keine Wahrnehmung möglich. Aus der Bedürftigkeit heraus kann ich immer nur ein Spiegelbild der Bedürftigkeit finden, aber keine Liebe. Liebe ist der natürliche Ausdruck der Fülle, die mich erfüllt, wenn ich Zugang zur Quelle in mir gefunden habe. Wahrnehmung beginnt erst dort, wo ich mich nicht mehr länger um mich selbst, um meine Themen, meine "Baustellen" drehe. Dann erst bin ich frei und offen, um zu nehmen. Frei, offen sein heißt: "leer" sein, Raum in sich haben, Raum für die Wahrnehmung.

Die folgende kleine Geschichte von einem Zen-Meister verdeutlicht dies: Einmal besuchte ein Professor den Meister. Der Professor hatte viele Fragen und redete und redete. Nach einer Weile meinte der Meister, es sei nunmehr Zeit, eine Tasse Tee zu trinken. Der Professor war einverstanden. Der Meister goss also dem Professor eine Tasse Tee ein ... und er goss und goss, selbst als die Tasse längst überlief. Entsetzt rief der Professor: "Was machen Sie denn? Hören Sie doch auf, die Tasse läuft ja über!" Weise lächelte der Meister und sagte: "Ja, die Tasse sind *Sie*. Sie müssen Ihre Tasse erst leeren, bevor Sie etwas hineinfüllen können."

Wahrnehmen werden wir immer zwei Seiten am anderen, die sich scheinbar widersprechen: zum einen einen durchschnittlichen, vielleicht in manchem schwachen, ängstlichen oder unbeholfenen Menschen. Zum anderen eine Fülle von Eigenheiten, Besonderheiten, versteckten, unerwarteten Qualitäten, die ihn oder sie zu einem letztlich wundervollen, *einzigartigen* und damit liebenswerten Ausdruck der Ganzheit des Lebens, der schöpferischen Kraft Gottes werden lassen. Und es geht darum zu erkennen, dass dies Stärken und Schwächen sind, wie es sie auch in mir gibt. Dass es letztlich kein Besser oder Schlechter gibt, dass jeder Mensch mir Gelegenheit gibt, Mitgefühl zu schenken, und mich letztlich zu mir selbst zurückführt. Gerade wenn wir Menschen begegnen, die anders sind als wir, haben wir die Chance, uns daran zu erinnern, dass auch wir alle Qualitäten in uns tragen, Höhen und Tiefen kennen. Wenn ich mich darauf einlasse, anstatt an alten Vorstellungen festzuhalten, ist das für mich eine wahre Bereicherung meines Seins. Jeder Mensch zeigt uns etwas auf – wenn wir es nur wahrnehmen und achtsam sind. Bedingungslos von anderen Menschen wahrgenommen, angenommen zu werden, ist ja genau das, was wir uns alle so sehnlich wünschen. Und eine entspannt-freundschaftliche Beziehung besteht genau aus diesem Angenommenwerden – und das, ohne dass wir uns dabei großartig anstrengen müssten.

Wer Liebe sucht, sollte Freundschaft leben – und es dann dem Leben überlassen, was aus dieser Freundschaft wird, ob und wie sie wachsen und tiefer werden darf. Lieben heißt immer wieder: Liebe lernen, gemeinsam in der Zuneigung, dem Vertrautsein und in gegenseitiger Wertschätzung wachsen. Gemeinsam wachsen heißt, aufeinander zuzuwachsen und diesen Weg Seite an Seite in immer tieferer Verbundenheit durch viele reiche Erfahrungen hindurch zu gehen.

⊙ ☉ ⊙

Sich selbst der beste Partner sein

Egal, was uns motiviert, Gemeinsamkeit zu suchen, sie kann nur gelingen, wenn wir mit uns selbst in guter Gemeinschaft leben. Sollten Sie also das Glück haben, allein zu sein, haben Sie die beste Gelegenheit, sich selbst ein guter Partner zu sein. Statt vor dem Alleinsein davonzulaufen, lohnt es sich, diese Zeit zu nutzen, um mit sich selbst ins Reine zu kommen, etwas Gutes aus seinem Leben zu machen, seine Freude- und Liebesfähigkeit wachsen zu lassen. Wer zu sich selbst findet, sich selbst erkennt, findet auch zum anderen. Dies ist die Grundaussage dieses Buches: Wir müssen die Liebe in uns finden, denn erst dann können wir sie auch in einer Partnerschaft *wieder*finden.

In der Begegnung mit Menschen können wir üben, bei uns selbst zu bleiben. Wenn ich vom anderen nichts mehr brauche und ihm ohne irgendeine Ab*sicht* begegnen kann, klärt sich meine *Sicht*weise. Ich sehe ihn ohne "*Ab*", nehme ihn *ab*sichts*los* wahr. Wie gesagt, Liebe beginnt mit der Wahrnehmung, einer wohlwollenden, aber neutralen Offenheit. Sich selbst zu lieben, lieben zu lernen, fällt vielen Menschen schwer. Wir erwarten vor allem von außen eine Bestätigung. Männer suchen diese oft im Beruf, in ihrem Tun, ihrem Ansehen und Erfolg. Der "Macher" sein, überlegen sein, angeben, Abenteuer, Genuss haben. Frauen lassen sich von solchen "Draufgängern" beeindrucken und suchen damit Bestätigung auf ihre Art ...

Sich selbst zu lieben, beinhaltet aber mehr, als Bestätigung zu bekommen oder stolz zu sein. Wenn wir das tun, was uns Freude macht, wenn wir zu unseren Fähigkeiten wie Unfähigkeiten stehen, wenn wir liebevoll, milde mit uns selbst umgehen, uns für nichts mehr selbst verurteilen, wenn wir Anerkennung freundlich annehmen können, ohne uns zu brüsten, uns Gutes tun, die Gesundheit unseres Körpers und unserer Seele an die erste Stelle setzen, uns nicht mehr für andere aufopfern, uns nicht mehr vom Partner benutzen lassen, in uns hineinspüren, was gut für uns ist, unsere Grenzen respektieren, echt und ehrlich sind – dann haben wir schon viel Selbstliebe gefunden.

◉ ◉ ◉

Sie haben immer den richtigen Partner

Ich glaube, ein weiterer Irrtum in Beziehungen ist, dass wir ein Ideal nach unserer Vorstellung suchen. Da aber die Beziehungswirklichkeit anders aussieht, finden wir es nicht wirklich und suchen weiter. Es gibt im spirituellen Bereich viel Gerede und einige Bücher zum Thema "Seelenpartner". Ich weiß nicht, ob diese Vorstellungen so richtig sind. Dass wir mit bestimmten Menschen eine tiefere Seelenverbindung haben, ist sicher richtig. Es ist schön, solche Verbundenheit zu fühlen, eine Tiefe, die vieles enthält. Für mich geht es immer um das Wahrnehmen, nicht um das Deuten. Deuten befriedigt nur die Logik des Verstandes. Es ist mir deshalb nicht wichtig, Erklärungen zu finden. Auf der Ebene des Geistes stehen wir ohnehin alle, der ganze Kosmos, in einer jeweils bestimmten Verbindung zueinander. Auf dieser Ebene gibt es keine Trennung, kein isoliertes "Menschlein", kein isoliertes Ich. Was mir an der gängigen Vorstellung vom Seelenpartner unsinnig erscheint, ist seine Singularität. Da soll es einen einzigen Menschen geben, der zu mir gehört und den ich brauche, um glücklich zu sein oder wenigstens meinen Weg gehen zu können.

Bemerken Sie den Irrtum? Wir brauchen angeblich wieder jemanden, weil wir sonst wie zwei getrennte Hälften herumrennen, wie Einbeinige sozusagen. Das macht keinen Sinn und entspricht nicht der Qualität des göttlichen Schöpfungsplanes, nicht unserer Würde als *ganze* Menschen. Denn wir sind als Abbild der göttlichen Ganzheit geschaffen, als einmaliger Ausdruck der Vielgestaltigkeit, aber nicht als "Behinderte". Was wir allein brauchen, ist die Urverbindung zu dieser Ganzheit in uns. Alles andere im Leben dient unserer Reifung, dem Lernen in der Lebensschule – und unserer Freude. Unser Lernen ist bestimmt nicht auf einen einzigen "Seelenpartner" begrenzt, sondern wir sollen reichhaltige Erfahrungen machen, und die sind manchmal auch mit unterschiedlich gestrickten Menschen vorgesehen. Wir sollten deshalb aber natürlich in keinem Fall einen Partner nach dem anderen haben und sie als bloßes Lernobjekt sehen und damit sozusagen "spirituell missbrauchen", aber wir haben in jedem Fall stets den richtigen Partner, wir bekommen immer den Partner, den wir für unser Wachstum benötigen – garantiert.

Je weniger wir uns dabei einmischen, je mehr wir uns für das Leben und seine eigenständige Entfaltung öffnen, je mehr wir Ängste loslassen und uns vertrauensvoll, aber achtsam hingeben, je mehr wir das Leben selbst nach unserem Partner suchen lassen, umso richtiger wird er oder sie für uns sein. Es liegt an uns, diese Lernchancen anzunehmen – ob es nun der Partner fürs Leben ist oder einer auf Zeit. Was wir dabei erleben, uns wünschen dürfen, ist eine wundervolle Gemeinsamkeit, im Idealfall eine Partnerschaft von Seele zu Seele – *das* verstehe ich unter echter Seelenpartnerschaft. Wie gesagt: Dazu braucht es nicht *den* einen

Seelenpartner, sondern eine Partnerschaft mit einer bestimmten Qualität. Und die ist mit vielen Menschen möglich. Sie können dann tatsächlich heiraten, wen Sie wollen!

Liebe beginnt mit der Wahrnehmung.

Nehmen Sie einander an – ohne Kritik,
aber auch ohne rosarote Brille.

Öffnen Sie sich für Ihre eigene Wahrheit
und die Wahrheit des Partners.

Sie werden viel mehr Liebenswertes entdecken,
als Sie glauben.

Suchen Sie die tiefe Liebe,
die jenseits allen falschen Scheins wartet.

Wenn man Verliebtsein und Leidenschaft
hinter sich gelassen hat,
kann man Freundschaft beginnen.

Liebe ist tiefe Freundschaft.

5. Kapitel:

Leben aus der Quelle

Wir sind durch die vorhergehenden Kapitel hindurch gemeinsam am zentralen Punkt dieses Buches angekommen. Vielleicht lesen Sie mein Buch, weil auch Sie durch all die Enttäuschungen gegangen sind, die die Folge unserer Suche nach Liebe sind – einer Suche aus der eigenen Begrenztheit, der Sehnsucht, der Bedürftigkeit und Angst heraus. Oder Sie lesen es, weil Sie zumindest ahnen, dass es da noch ein anderes Leben geben muss als dieses "Raupenleben".

Nun, unser altes Problem waren die Begrenzungen, die sich ergaben, weil wir allein aus dem isolierten, engen Ich, dem Ego-Bewusstsein, heraus lebten. Um diese Gefangenschaft zu beenden und in ein Leben der Freude, Fülle, Liebe und des Glücks einzutreten, brauchen wir wieder Anschluss an *die* Quelle, die uns mit dem reinen, unbegrenzten Potenzial verbindet. Dann sind wir im Leben wie ein Brunnen, der von der Quelle unaufhörlich gespeist wird.

Blick in dein Inneres!
Dort ist die Quelle des Guten,
und wenn du immer nachgräbst,
kann sie immer hervorsprudeln.

Marc Aurel

Diese Quelle gibt uns alles, wirklich *alles*, was wir brauchen.
Es gibt da nämlich eine Liebe, eine Weite in uns, die wir kaum
ahnen, die viel größer ist als wir selbst und die uns auf eine neue
Bewusstseinsebene hebt, wenn wir sie fühlen. Aber genau dieses
Fühlen, dieses In-Verbindung-Treten mit der Ganzheit, kennen
wir nicht mehr. Dieses Tor, diesen Zugang neu zu finden, das ist
unsere Aufgabe. Es ist der Schlüssel zu allem.

◉ ☉ ◉

Land ohne Grenzen

Die Indianer Nordamerikas mussten erleben, wie ihr Land
von den weißen Siedlern in Besitz genommen, eingezäunt und
abgegrenzt wurde, wie sie immer weiter zurückgedrängt wurden.
Sie aber waren der Überzeugung, dass der Große Geist das Land
ohne Grenzlinien geschaffen hat und es nicht die Aufgabe des
Menschen ist, es durch Grenzen zu teilen. Auch wir Menschen
sind geschaffen durch den Willen Gottes, und auch wir sind
ohne einengende "Grenzlinien" geschaffen, sondern frei, weit
und verbunden mit dem göttlichen Geist. Die Dimension des
Geistes ist das unbegrenzte Potenzial, das in jedem von uns
schlummert, das Potenzial, das jedem, wirklich *jedem* zur
Verfügung steht, ob Bettler oder König. Egal, wie unser Leben
gerade verlaufen mag – wir alle haben *alles,* wir müssen es aber

entdecken und täglich nutzen. Das ist der Kern aller Religion, der *re-ligio*, der Rückverbindung zu Gott. Das "Land der unbegrenzten Möglichkeiten" ist kein Ort auf dem Globus, es ist das geistige "Land" in uns. Es wartet nur darauf, von uns betreten zu werden.

☉ ☉ ☉

Die Natur ist Gott

Naturvölker haben den Kern ihrer Religion immer in der Natur gefunden. Wer der Natur seine Aufmerksamkeit schenkt, wer die Natur liebt, ist niemals vom großen Geheimnis, von Gott entfernt – denn die Natur *ist* Gott.

Meine Eltern waren nicht besonders religiös, aber ich bin doch mit einem gewissen christlichen Hintergrund aufgewachsen. Die Weisheiten und Berichte der Bibel habe ich früh zu lesen begonnen. Beim Bibellesen und in der Kirche wurde mir zwar klar, dass es sicherlich noch mehr zwischen Himmel und Erde gibt, als wir gemeinhin annehmen, aber dies war eher eine Vorstellung meines Kopfes. Wirklich *gefühlt*, dass da etwas sein muss, wozu die Menschen "Gott" sagen, habe ich eigentlich nur in der Natur, ganz besonders im Wald. Mehr als ein leises Ahnen war es zwar nicht, aber es war immerhin da.

Den ersten Schritt, uns wieder mit der Quelle zu verbinden, gehen wir, wenn wir uns wieder der Natur zuwenden. Wir erfreuen uns an der Schönheit der Natur – und Schönheit ist das Gesicht Gottes. Die Natur strahlt Ruhe und Frieden aus – und Stille ist die Stimme Gottes. Immer wenn ich in die Natur gehe, im Garten, im Wald arbeite, wenn ich mich mit Kindern, Tieren oder Pflanzen beschäftige, finde ich auf ganz *natür*liche Weise, ohne etwas

79

Besonderes zu tun, schon Erfüllung, Frieden und Harmonie, also ein Stück Verbundenheit mit der Quelle.

Ich habe mich bei meinen Wanderungen manchmal gefragt, warum die Natur eine solche Harmonie ausstrahlt und wir uns in ihr so wohlfühlen. Die Antwort, die ich in mir bekommen habe, ist, dass die Natur noch vollkommen in der göttlichen Ordnung, in der Einheit des Ganzen steht. Alle Elemente, wie das Wasser des Baches, die Steine, die Lüfte, schwingen im Einssein des Alles-was-Ist.

Wir können daran teilhaben, indem wir die Natur intensiv, fühlend wahrnehmen. Ich gehe sehr gerne langsam, fast meditativ schreitend durch den Wald. Ich lausche, schaue, rieche, fühle alle Eindrücke um mich herum, und es dauert nicht lange, bis ich ganz in dieser Einheit aufgehe. Bewusste Wahrnehmung der Natur kann uns mit ihrer geheimnisvollen Tiefe verbinden und uns der Quelle sehr nahe bringen.

⊙ ⊙ ⊙

Der Friede der Berge

Eine junge Frau aus einer Wandergruppe hat mich, während wir in den Bergen an einem wunderbaren Aussichtspunkt saßen, einmal gefragt, weshalb wohl die Berge einen solchen Frieden ausstrahlen. Ich hatte keine Antwort parat und wusste nur, dass *ich* diese Frage nicht, jedenfalls nicht gut beantworten könnte. Also schwieg ich. Während ich so nachsann und zum gegenüberliegenden Berg sah, war es mir plötzlich, als würde der Berg selbst zu mir sagen: "Ich bin." Ja, das war es, das war die Antwort. Die Berge sind einfach da, sie sind das pure Sein, sie stehen im Urgrund, in ihrer Bestimmung, in der Verbindung zu allem Sein, der göttlichen Ordnung und Einheit.

"Ich bin." - Nicht mehr und nicht weniger. Das *"Ich bin."* hat einen Punkt. Ein Punkt bedeutet das Ende der Aussage, alles ist gesagt. Mehr braucht es nicht. Nur wir Menschen glauben, dass das Leben immer mehr braucht, wir suchen und suchen. Dabei ist alles längst da!

⊙ ⊙ ⊙

Gegenwärtiges Bewusstsein

Um zur Quelle zu finden, müssen wir unsere Aufmerksamkeit weg vom Trubel unserer Alltäglichkeiten lenken und sie immer wieder bewusst auf diesen Zustand unseres Geistes ausrichten, den Weisheitslehrer als *gegenwärtiges Bewusstsein* bezeichnen. Wir gehen in die Stille, lassen die Gedanken hinter uns und werden leer. Dann sind wir nur noch gegenwärtig, im Hier und Jetzt. Wenn es Ihnen - wie vielen Menschen - jedoch schwerfällt, in diese aufmerksame, wahrnehmende, aber gedankenleere Ruhe reiner Gegenwart, reinen Bewusstseins einzutreten, können Sie dies auch mithilfe bestimmter Vorstellungen erreichen.

Eine Vorstellung, die mir besonders gefällt, ist die Vorstellung eines *Raumes*, einer eigenen Welt in mir, zu der die alltäglichen Dinge, meine Sorgen und Nöte, zu der nichts Ungutes Zugang hat und wo ich vollkommen heil bin, wo ich nur bei mir, ich selbst bin. In diesem Raum herrscht reiner Friede, reine Schönheit. Vielleicht hat er ein Tor, umgeben von duftenden Rosen, durch das ich eintrete wie in einen wunderschönen Garten. In diesen Raum der Stille will ich nun gehen und dort verweilen. Alles, was war, lasse ich zurück und gebe mich ganz der überirdischen

Schönheit meines Traumgartens hin. Ich gehe hinein in diese innere Welt, immer weiter ...

Gebet, Meditation und jede Form von Innenschau lassen uns in jene "Räume" treten, wo wir die Ewigkeit berühren. Dann berühren wir die wahre Dimension unseres Seins. Um eine Verbindung zur Quelle herzustellen, gibt es viele Wege und Traditionen. Ich kann Ihnen hierfür letztlich keine Anleitung geben. Es ist ein persönlicher Weg, den Sie selbst finden, indem Sie sich auf den Weg machen. Es mag dann ein bestimmtes Ereignis, eine Begegnung mit bestimmten Menschen sein, eine bestimmte Richtung, die sich auftut und Ihnen *Ihren* Weg aufzeigt.

Solche "Meilensteine" sind mir begegnet, und Sie werden Ihnen genauso begegnen. Vertrauen Sie nur darauf. Sie fangen dort an, wo Sie gerade stehen. Tun Sie einen ersten, kleinen, leichten Schritt. Große Veränderungen geschehen unmerklich, in der Stille, wie das Wachsen des Grases, das niemand sieht – und doch ist es nach einer Weile hoch. Zum Leben aus der Quelle also ein paar Gedanken und Anregungen.

⊙ ☉ ⊙

Ich bin immer ich

Überlegen Sie einmal, wer Sie sind:

Sind Sie der Körper?
Sie meinen es vielleicht, aber der verändert sich, wird alt und so weiter.

Sind Sie Ihre Kleidung, Ihr Haus, Ihr Auto, Ihr Bankkonto?
Verändert sich auch.

Sind Sie, was Sie tun, Ihr Beruf, Ihr Erfolg, Ihre Familie?
Verändert sich auch.

Sind Sie Ihre Hobbys, Ihr Sport, Ihre Interessen?
Verändern sich auch.

Vielleicht sind Sie dann wenigstens Ihr Name, Ihre Geschichte? Ihren Namen haben Ihnen die Eltern gegeben, aber auch der kann sich ändern, Sie sind dann allerdings immer noch derselbe. Ihre Geschichte ist Vergangenheit, sie war früher anders als heute. Was bleibt Ihnen dann, was wirklich unveränderlich ist, was dieses "Ich" ausmacht? Okay, die Seele, der Geist, dieses Wesen, das Sie sind und bleiben. Aber das ist etwas Inneres, Geistiges, nichts Äußeres!

Wir neigen dazu, unser Sein über unser äußeres Dasein zu definieren, das wir im Allgemeinen mehr oder weniger glücklich fristen – wir definieren uns also über das befristete Hiersein. Aber wenn wir nicht mehr da, nicht mehr hier, sondern dort sind, sind wir immer noch "Ich bin". Ob ich jung bin oder alt, ob ich Geld habe oder keins, ob ich allein bin oder zu zweit, ich bin immer ich. Ich fühle immer nur das Ich – ein ewiges Ich. Das ist die eigentliche Wahrheit meines Seins. Je mehr wir uns von dem äußeren Ich-Erleben auf den Kern unseres Seins besinnen, umso mehr nähern wir uns der Quelle, aus der wir in Wahrheit leben. Wir nähern uns dann unserem eigentlichen Zentrum, unserer Mitte, anstatt diese nur ziellos und unbewusst zu umkreisen, uns im berühmten "Kreis zu drehen".

⊙ ⊙ ⊙

Gut oder »unschlecht« – alles nur Zufall?

Viele Menschen glauben nicht an eine Bestimmung, also an bestimmende Sinnzusammenhänge, Gesetzmäßigkeiten im Ablauf ihres Leben. Ist alles nur Zufall, nur "Schweben im Raum"? Andere glauben das Gegenteil: "Gott würfelt nicht." Ganze Weltanschauungen ranken sich um Karma und Schicksal. Wo aber liegt die Wahrheit? Wenden wir uns einmal mehr der Weisheit unserer Sprache zu. Im Deutschen verwendet man die Vorsilbe *un-* um das negative Gegenteil eines Begriffes auszudrücken, zum Beispiel:

gut – ungut

wohl – unwohl

gesund – ungesund

vorsichtig – unvorsichtig

ehrlich – unehrlich

richtig – unrichtig

schön – unschön

Mut – Unmut

Heil – Unheil

Glauben – Unglauben

Glück – Unglück

Machen wir jetzt doch einmal die Gegenprobe, indem wir vom negativen Begriff als Wortstamm ausgehen:

schlecht – "unschlecht"

übel – "unübel"

krank – "unkrank"

leichtsinnig – "unleichtsinnig"

lügenhaft – "unlügenhaft"

falsch – "unfalsch"
hässlich – "unhässlich"
Angst – "Unangst"
Schmerz – "Unschmerz"
Zweifel – "Unzweifel"
Pech – "Unpech"

Das Ergebnis: Alle Wörter rechts gibt es nicht. Wir drücken das Gute, von seltenen sprachlichen Ausnahmen hier einmal abgesehen, nicht als Gegenteil des Unguten aus. Es gibt kein "Unschlecht". Das Schlechte wird in diesem Sinne nicht als Wortstamm benutzt, nur das Gute. Das Gute ist also der *Stamm*, der uns auf die Be*stimm*ung hinweist. Die Welt, das Leben ist im Ursprung, im Wesen seines Seins, im "Stamm" gut, positiv gestaltet. Die Sprache spiegelt diese Tendenz wider, allerdings ohne dass uns dies normalerweise bewusst ist.

Unser Dasein ist von seiner grundsätzlichen Bestimmung, vom göttlichen Lebensplan her auf Glück, Gesundheit, Freude ausgerichtet. Alles andere ist Störung. So unangenehm wir die Dinge auch empfinden, die unser Glück beeinträchtigen, diese Störungen ändern nichts am Glücklichsein als Normzustand. Beeinträchtigungen sind nur die Ausnahmen von der Regel. Ich möchte damit nicht sagen, dass es kein Leid als Schicksal, kein Karma gäbe. Mancher Lebensweg lässt sich nur so erklären, dass eine Seele auch, äußerlich betrachtet, ungute Erfahrungen machen muss oder will, ohne dass wir dies wirklich verstehen und durchschauen könnten. Aber der Grundzug des Daseins auf dieser Erde ist das nicht.

◉ ⊙ ◉
Vom Recht, unglücklich zu sein

Unsere Welt ist eine auf Polarität aufgebaute, es gibt Licht und Schatten. Gott zwingt uns nicht zu unserem Glück. Gott stellt es uns frei, welche Erfahrungen wir hier auf der Erde machen wollen. Beide Seiten dienen unserer Entwicklung, und ohne Leid kann es keine Freude geben. Das ist so.

Was aber nicht so ist, ist die Vorstellung, Opfer sein zu müssen, keine Wahl zu haben. Manche Menschen halten förmlich an ihrem Recht fest, unglücklich zu sein. Sie halten fest an ihrer "schlimmen" Kindheit, ihrer Armut, ihrer schlechten Bildung, dem Partner, den Eltern, die sie an ihrer Entfaltung hindern oder gehindert haben. Sie sind zu klein, zu dick, zu alt, zu jung, zu unerfahren, zu dies und zu das. Sie können dies nicht und jenes nicht. Tausend Gründe, um erfolglos, unglücklich, krank zu sein. Tausend Bremsklötze des Lebens, die sie ständig selbst anziehen. Sie selbst, kein anderer, kein Gott!

Apropos anziehen: Wir ziehen das an, was wir denken. Es gibt inzwischen unzählige Bücher über das Gesetz der Anziehung, die Macht der Gedanken und wie wir unser Leben selbst bestimmen können. Die Versuche, unser Leben durch positives Denken zu ändern, sind zahllos und – nicht selten erfolglos. Es gibt nämlich einen gewaltigen unbewussten Teil in uns unter der Oberfläche, der sehr zäh an alten, negativen Mustern, am Glauben an das, was wir nicht wollen, festhält. Viele Menschen klammern sich geradezu an ihre Probleme, suhlen sich in ihren Schmerzen und Wehwehchen und jammern. Wenn ich die Vorstellung nicht loslasse, das Leben sei hart und ungerecht, "kurz und besch... wie eine Hühnerleiter", wen wundert es, dass es dann auch genau so und nicht anders ist?

Wenn Sie in einer Lebenssituation stehen, die Ihnen schwer und unglücklich erscheint, hilft Ihnen Jammern leider nicht viel weiter. Es geht vielmehr darum, diese Situation zu verlassen. Wenn möglich im Außen, in jedem Fall aber im Inneren. Trennen Sie sich *geistig* von der Situation. Nehmen Sie sie im Herzen nicht länger als unabänderliche Wahrheit hin.

Wir haben etwas sehr, sehr Wertvolles, das uns die Würde als Menschen gibt und das uns Gott gleich macht, wenn wir es nur nutzen: den freien Willen. Glück oder Unglück ist, wenn vielleicht auch nicht vollständig, so doch mindestens zu 80 bis 90 Prozent eine Frage unserer Wahl. Fragen Sie sich, was Sie bisher gewählt haben. Ihr bisheriges Leben ist die Antwort darauf. Wie wollen Sie am Ende des Lebens dastehen? Erfüllt, dankbar, gesund – oder mit leeren Händen, leerem Herzen, als Wrack?

Wenn Sie sich noch nicht bewusst, konsequent für das Gute entschieden haben, dann tun Sie es *jetzt*. Ihr Glück ist nur diesen einen Gedanken weit von Ihnen entfernt. Wenn wir im Leben kein klares Ziel haben, dann kommen wir leider *irgendwo* an. Und da es das Irgendwo nicht gibt, werden wir mit großer Wahrscheinlichkeit dort ankommen, wo das Gegenteil des Guten ist ...

⊙ ☉ ⊙

Himmel oder Gedanken

Die größte Schwäche der Menschen ist ihr Denken. Wir denken an alles Mögliche – und das ununterbrochen. Dazu hat uns unsere Kultur ja auch erzogen. Unser ganzes Bildungssystem beruht auf der Nutzung dieser Denkmaschine, die sich in unserem Kopf befindet. Unsere intuitiven Fähigkeiten nutzen wir dagegen bisher nur zu einem Bruchteil. Wir sind durch das ständige Denken so beschäftigt, so ausgelastet, dass kein "Draht nach oben" mehr frei ist. Die Leitung ist belegt – Gott kann uns gar nicht erreichen. Aus diesem ständig sich drehenden Hamsterrad auszusteigen, ist zugegeben nicht leicht.

Die Beschäftigung mit schönen, zweckfreien Dingen kann uns helfen, abzuschalten und uns selbst, unser tieferes Sein wieder zu spüren. Gute Musik zu hören, einen kraftvollen, inspirierenden Film anzuschauen oder ein gutes Buch zu lesen, hilft zumindest, den gröbsten Dreck an Gedankenmüll wenigstens zeitweise loszulassen. Noch besser ist eine aktive Betätigung. Also lieber selbst Musik machen, ein Instrument spielen, singen, tanzen, Yoga und Co., Bewegung. Oder einfach mal wieder richtig lachen, das macht Ihnen auch wunderbar den Kopf frei ...

Ich interessiere mich für den Himmel – in geistiger wie in naturwissenschaftlicher Hinsicht. Wenn ich nachts mit meinem Fernrohr die Sterne und Planeten ansehe, die Milchstraße entlangwandere und Sternhaufen, Galaxien und Gasnebel entdecke, vergesse ich die Welt und alle Gedanken, fühle die Weite, die Unendlichkeit und bin einfach nur hier, schaue und staune ...

⊙ ⊙ ⊙

Wahrnehmen und wieder wahrnehmen

Mit dem Verstand allein können wir das Leben weder richtig verstehen noch meistern. Denken hilft uns nur begrenzt weiter. Dabei sind die Gedanken an sich neutral. Zum Problem werden sie erst, wenn wir sie mit uns selbst verwechseln, sie annehmen, sie sozusagen zu unserem Eigentum machen und uns damit wie selbstverständlich zumüllen lassen.

Vielleicht öffnen Sie sich einmal für die spirituelle Vorstellung, dass wir Gedanken nicht selbst erzeugen, sondern lediglich aus dem kosmischen Informationsfeld "empfangen". Wenn unser Gehirn in Wahrheit "nur" ein Gedankenempfänger ist, der mit der Welt verbunden ist, bekommen Gedanken eine völlig neue Dimension. Sie gehören dann nicht mehr zu uns. Wir können uns sodann bewusst von diesem Gedankenbombardement distanzieren, indem wir uns in die Position eines neutralen, außenstehenden Beobachters begeben. Das bedeutet, einfach nur wahrzunehmen, was da gerade an Gedanken in uns auftaucht. Wir gehen sozusagen aus der Schusslinie, indem wir nicht mehr bewerten, was da kommt. Die Gedanken, die kommen und gehen, sind eigentlich nicht das Problem. Das Problem besteht darin, dass wir sie zu sehr auf uns wirken lassen, uns damit identifizieren und darauf reagieren. Diese Reaktionen sind immer emotionaler Art, und diese Emotionen "jagen" uns. Wenn wir uns dagegen darin üben, alles möglichst wertfrei wahrzunehmen, verlieren die Ereignisse zunehmend ihre Dramatik. Wir schreiben dann das Theaterstück selbst, anstatt herumgestoßen zu werden.

⊙ ⊙ ⊙

»Swing-by«

Der Weltraum und seine unendlichen Weiten haben mich schon als Schüler fasziniert. In der Raumfahrt gibt es einen Effekt, der genutzt wird, um Raumsonden ohne eigene Antriebskraft - sozusagen völlig kostenlos - auf ihrem Flug durch das Sonnensystem zu beschleunigen. Man nutzt die Anziehungskraft eines Himmelskörpers und nennt dieses Manöver "Swing-by". Dabei wird ein sich auf seiner Bahn bewegender Mond oder Planet "von hinten" angesteuert. Dessen Anziehungskraft zieht die Raumsonde dann sogartig nach, beschleunigt sie und schleudert sie wie ein Katapult an dem Himmelskörper vorbei weiter in den Raum.

Aus der Quelle leben bedeutet, sich immer wieder mit der Kraft zu verbinden, die uns die nötige Energie, den nötigen Schub – oder besser gesagt: Zug – gibt. Wir brauchen unsere täglichen Swing-by-Manöver, um unseren Himmel zu erobern. Es gelten in diesem Universum immer dieselben Naturgesetze, ob in der Technik, in der Raumfahrt oder in unserem Leben.

⊙ ☉ ⊙

Klosterleben ade

Wir Schwaben begegnen uns mit einem "Grüß Gott" und verabschieden uns gerne mit "ade". In Frankreich sagt man "adieu" – lebe wohl. Ich finde diese Worte sehr schön. Wenn ich "Grüß Gott" sage, meine ich: Ich grüße Gott in dir, ich grüße dich als göttliches Wesen und ich lade gleichzeitig Gott als "unsichtbaren Dritten" in unsere Begegnung, unsere Mitte ein. Im Lateinischen bedeutet "a deo" wörtlich "von Gott her". "Ade" bedeutet für mich: Gott sei mit dir, habe "von Gott her" den Segen, die Verbundenheit, seine Gegenwart, seine Führung, seinen Schutz. Ich befehle dich Gott an, Gott beschütze dich.

Warum aber "Klosterleben ade"? Nein, ich bin kein Kritiker des klösterlichen Lebens, des spirituellen Rückzugs in Gebet und Meditation – im Gegenteil. Ich bin gerne in Klöstern und habe einige Menschen kennengelernt, die dort leben oder gelebt haben. Ich schätze und achte diesen Weg und diejenigen, die ihn gehen. Jeder hat seinen Weg. "Klosterleben" ist an dieser Stelle eher symbolisch gemeint. Zeiten des Rückzugs und der inneren Stille und Sammlung, der Meditation und des Gebets sind für mich unverzichtbar. Der Rückzug ist ein Teil des spirituellen Wegs – nicht mehr und nicht weniger. Nach meinem Gefühl geht es bei der geistigen Evolution der Menschheit in der heutigen Zeit an erster Stelle aber nicht mehr um den äußeren, weltlichen Rückzug wie in früheren Zeiten. Es geht immer mehr darum, die Spiritualität, die wir in Zeiten inneren Rückzugs, bei unserem "Nach-innen-Gehen", gewinnen, nach außen in die Welt zu tragen, hinein in die alltäglichen Herausforderungen des Lebens, vor allem auch in die Welt zwischenmenschlicher Begegnungen. Partnerbeziehungen sind naturgemäß kein Klosterleben.

In einem geschützten Rahmen zu leben, tut uns gut, eigentliche Stärke gewinnen wir aber erst in den Prüfungen des Lebens. Wenn wir in übertragenem Sinne also unserem inneren Klosterleben ade sagen, meine ich, wir verlassen dankbar eine Zeit des Aufbaus, der Ausbildung, um uns in der Hochschule des praktischen Lebens weiterzubilden. In Wahrheit entscheiden wir uns natürlich nicht einseitig für Rückzug *oder* "äußeres" Leben, wir integrieren beides, beides findet seinen Raum und seine Zeit. Im Idealfall sind wir dann immer in uns, in unserer Mitte, in unserer Stille, in der Gott-verbundenheit, während wir im Außen stehen und die Prüfungen des Lebens meistern. Dafür können wir den Segen des "Ade" – Gott mit uns – gut gebrauchen.

⊙ ⊙ ⊙

Turbowerkstatt Partnerschaft

"Kein Mensch kann allein ganz werden", sagte einmal ein Bekannter beim Thema Partnerschaft zu mir. Doch das Alleinsein, das Singledasein ist keine Strafe, sondern ein Geschenk. Wir können in solchen Zeiten des "Rückzugs" enorm viel erreichen. Selbstfindung und das Finden der Quelle in uns geschehen immer zuerst im Alleinsein, in der Stille. Wahrnehmung und Bewusstwerden erfordern es, "leise" zu werden, nichts mehr zu wollen, sich nicht länger in Aktivitäten oder Partnern zu verlieren. Das ist die Vorbereitung, die wir zur partnerschaftlichen Liebe alle dringend nötig haben.

Dieses Buch will Sie genau zu dieser Reihenfolge, dieser Vorbereitung auf ein Glück zu zweit und als Familie ermuntern. Es ist vielleicht am Ende gar nicht einmal so wichtig, ob wir dann als Paar oder allein leben werden, wichtig ist, was mit uns geschieht, während wir auf diesem Weg sind. Es ist immer besser, auf etwas vorbereitet zu sein, das vielleicht gar nicht eintritt, als unvorbereitet in etwas hineinzurutschen.

Eines aber ist sicher: In der Partnerschaft geht's zur Sache! Wenn wir die Grundausbildung des Singledaseins gemeistert haben, beginnt erst die richtige Arbeit an uns in der Gemeinsamkeit. Partnerschaft ist der "Turbo" unseres Wachstums. Ich kenne einen sehr alten, weisen Mann, einen Priester, der die Wahrheiten des Lebens in seiner ganzen Tiefe erfasst hat. Er sagte einmal in einer Gesprächsrunde zum Thema Partnerschaft treffend: Es geht nicht um Familie, Kinder, Fortpflanzung, Sex, das äußere Zusammenleben, um traute Zweisamkeit – es geht um das persönliche Wachstum, um die Entwicklung der Seelen im Zusammenspiel, im Spiegel der Begegnung.

Partnerschaft ist eine Art Werkstatt des Lebens, ein Bearbeitungsbetrieb. Wir werden aneinander geschliffen – es ist eine Art "Edelsteinschleiferei". Wir kommen als Rohlinge und werden aneinander gerieben, um zu einer höheren Form zu werden und am Ende in höchster Brillanz zu glänzen. Kommen Ihnen "Reibereien" in der Partnerschaft bekannt vor? – Dann wissen Sie jetzt, worum es eigentlich geht ...

Sobald wir diese Arbeit an uns, aneinander bewusst leben können, verliert sie ihren Schmerz und ihre Verletzungsgefahr. Ich bin ausgebildeter Handwerker und bin vertraut im Umgang mit Maschinen. "Gefahr erkannt – Gefahr gebannt", heißt es ja. Anstatt uns als Paar bei solchen Reibereien fertigzumachen, können wir den "Fertigungsprozess" bewusst und gefahrlos durchlaufen, wenn wir unsere Arbeit beherrschen, Meister der Werkstatt sind und mit den Gefahren unserer – menschlichen – "Maschine" umzugehen wissen.

◉ ◉ ◉

Meister des Lebens werden

Bevor wir ein Leben in der Einheit, der Gottverbundenheit erleben, müssen wir die unbewusste "Raupenphase" des Lebens wenigstens ein Stück weit hinter uns gelassen haben. Eine Raupe klammert sich an die Pflanze, die sie frisst. Wenn sie herunterfällt, muss sie die für sie geeignete Pflanzenart erst wiederfinden und mühsam hinaufklettern. Deshalb klammert sie sich so sehr daran – denn wenn der Raupe das Futter ausgeht, stirbt sie. Auch in unserer unbewussten Lebensphase werden wir oft hilflos vom Leben gebeutelt, wir sind Opfer, aber nicht Meister des Lebens.

Der Schmetterling steht für das neue, bewusste Leben in Freiheit. Er hat endlich Flügel und kann sich von Blume zu Blume schwingen – der Schmetterling fällt nicht mehr herunter. Kommen ungünstige Zeiten, kann er sich anpassen. Ein Gewitter übersteht er beispielsweise schadlos mit zusammengefalteten Flügeln. "Scheint dann wieder die Sonne, beginnt aufs Neue seine Wonne." Er ist Meister seines Lebens.

Wir sind allerdings keine Schmetterlinge, und der Vergleich hat einen Haken. Wir werden am Tag X nicht einfach neu geboren, sondern vollziehen beständig kleinere und größere Geburten. Was wir uns heute erworben haben, müssen wir morgen halten – und verlieren es übermorgen vielleicht wieder. Wir starten unseren Weg immer wieder neu. Doch wenn wir beharrlich bleiben, werden wir es immer besser schaffen. Anfänglich werden es für uns eher seltene Momente des Einsseins sein, wir werden einiges an bewusstem Üben, an "Übungstechniken" brauchen. Allmählich werden wir das wunderbar stimmige Gefühl des Verbundenseins aber häufiger erleben, ja es wird zunehmend Raum in uns finden, bis es zum selbstverständlichen, fast immer gegenwärtigen Lebensgrundgefühl wird.

Wir werden auf dem Weg zur Quelle aber in jedem Fall so viel Gutes erfahren, dass es nicht wirklich wichtig ist, wo wir gerade stehen oder wie lang der Weg ist. Jeder Wegabschnitt ist es wert, genossen zu werden, und ist uns dann Quelle der Liebe und Freude. Das Leben ist niemals als harte Schule gedacht, als Jammertal, das auf eine bessere Zukunft, auf ein entferntes Endziel hofft. Wenn wir einfach voranschreiten, den Ausgangspunkt "Jetzt" voll und ganz annehmen, uns keine Gedanken mehr machen, was noch nicht so ist, wie wir es gerne hätten, oder was da noch an Herausforderungen auf uns zukommen könnte, dann gehen wir schon unseren Weg als Meister des Lebens – wir brauchen noch gar kein Ziel erreicht zu haben, denn der Weg ist bekanntlich das Ziel. Feiern Sie, was Sie heute schon erleben können!

⊙ ⊚ ⊙

Das Leben zulassen

Betrachten wir die Natur, erkennen wir überall, dass das Leben sich ohne die Einmischung eines Ich-Bewusstseins bei Pflanzen, Tieren, Kindern perfekt entfaltet und automatisch seiner Bestimmung folgt. Das Leben macht alles richtig, unser Kopf und das Ego sind der Störfaktor Nummer eins. Aus der Quelle leben bedeutet, sich wieder mit der uns innewohnenden Weisheit und Perfektion des Lebens zu verbinden, Leben wieder zuzulassen, vom Ich auf Gott in uns umzuschalten. Das nennt man Nichteinmischung, das ist Hingabe statt krampfhafter Kontrolle.

Unser Ego ist allerdings etwas sehr Aktives und Hartnäckiges, das uns beherrschen will. Es widersetzt sich sozusagen der Hingabe, den die bedeutet ja, das Ego loszulassen. Es ist seiner Natur nach ein Kämpfer, es kämpft um seine Existenz. Im Grunde ist unser Ego unser tierisches Erbe, der Teilaspekt eines körperlichen Wesens, das sein Überleben sicherstellen muss – Ausdruck einer Urangst. Es hat seinen Ursprung im Überlebenskampf, mischt sich darüber hinaus aber in Lebensbereiche ein, wo es fehl am Platze ist, zum Beispiel in unser menschliches Miteinander. Wenn wir vom isolierten, egobewussten "Raupenleben" zum verbundenen Einssein vordringen wollen, müssen wir diesen "Schmarotzer" also in seine Schranken weisen. Unser Ego ist nicht unser Feind, aber wir bleiben Herr und Meister unseres Lebens, wenn wir es liebevoll an seinen Platz zurückschicken. Wir nehmen es ohne Bewertung wahr, wenn es sich einmal wieder in den Vordergrund drängt, und wir lassen es los, indem wir einfach zu ihm sagen: "Danke, aber ich brauche dich jetzt nicht mehr." Wenn wir uns unserem wahren Menschsein nähern, wird das Ego in uns seine Bedeutung verlieren, es wird immer überflüssiger werden, weil dann aller Kampf aufhört.

Auf der Ebene der Partnerbeziehungen fällt es uns besonders schwer, loszulassen, uns hinzugeben, solange wir an unseren Hoffnungen und Sehnsüchten festhalten. Weil wir etwas haben wollen, werden wir automatisch kontrollierend. Dann fehlt unserer Liebe noch die Hingabe, ohne die sie sich nicht wahrhaft entfalten kann. Wir können Liebe nur finden, wenn wir sie nicht länger festhalten, denn was man festhält, wird man verlieren. Was man loslässt, wird man gewinnen. Das bedeutet Vertrauen, dem Leben vertrauen, geduldig durchhalten – und weiter vertrauen.

Zur Hingabe an das Leben eine kleine Geschichte, erzählt von Paulo Coelho:

Eine Rose wünschte sich den Besuch von Bienen. Jeden Tag wartete sie, aber keine Biene kam zu ihr. In ihren einsamen Nächten träumte sie sich in einen Himmel voller Bienen, die sie umsummten und zärtlich küssten. Eines Nachts fragte sie der Mond, der ihre Einsamkeit kannte: "Wirst du nicht allmählich müde, zu blühen und immer auf die Bienen zu warten?" Die Rose aber antwortete: "Wenn ich mich nicht öffnen und auf die Bienen warten würde, dann würde ich verwelken. Dann wäre mein Leben umsonst gewesen."

Wenn uns das Leben scheinbar nicht das schenkt, was wir uns ersehnen, gibt es nur eines: weiter offen bleiben. Sich dem Leben hingeben – ohne Wenn und Aber!

⊙ ⊙ ⊙

Liebe braucht drei

Die erste Aufgabe für uns als Meister des Lebens besteht darin, frei zu werden, frei von uns selbst, dem Ego und allem, was ihm so anhaftet als Ballast, als Hindernis bei der Entfaltung unseres Lebens und unserer Liebe. Denn die Liebe ist schon immer in uns gewesen, aber sie konnte sich nicht entfalten. Wir haben die Liebe im anderen gesucht, ohne sie in uns selbst gefunden zu haben. Wir haben unsere Beziehungen auf Zweisamkeit begrenzt und dabei das Wichtigste vergessen. Liebe ist nicht da, weil mir jemand gefällt. Das ist der große Irrtum. Liebe ist eine eigenständige Qualität, eine Kraft, die gefunden werden will und hinzutreten muss. Wir müssen etwas Höheres in unsere Gemeinsamkeit eintreten lassen, die göttliche Liebe in uns aufnehmen, unabhängig vom Partner, zuerst einmal für uns selbst. Dann erst werden wir auch als Paar komplett. Partnerschaftliche Liebe braucht drei: mich, dich *und* die Liebe.

Mit der Freiheit in uns beginnt auch die Liebe, ganz von selbst in uns zu wachsen und zu blühen. Wir erleben, wie wir immer liebesfähiger und von Liebe erfüllter werden. Dann können wir frei in der Liebe stehen und uns wahrhaft begegnen und bereichern. Dann finden wir zurück zu unserer wahren Bestimmung im "Mensch-zu-Mensch-Sein" und zu echten Seelenbeziehungen – das betrifft Beziehungen zum Partner wie zu allen Menschen. Dann leben wir echte Begegnungen.

⊙ ⊙ ⊙

Gottes neue Welt

In der Kirche wird hin und wieder von einer Wandlung unserer Welt gesprochen, von dem göttlichen Plan, dem Versprechen Gottes, eine neue, gute Welt zu schaffen. Nach dem Kalender der Maya sollte 2012 die "alte" Welt zu Ende gehen und eine neue beginnen, eine andere, neue Zeit. Ich stehe solchen Terminen

97

und den daran geknüpften Vorstellungen skeptisch gegenüber, aber es gibt, wie gesagt, viele Anzeichen dafür, dass wir in einer Zeit der Veränderung leben, egal, wann sich was wie weiterentwickeln wird. Offensichtlich will sich auf der Erde etwas neu strukturieren. In der Wissenschaft tauchen in letzter Zeit immer mehr Beobachtungen auf, die das alte, materialistische, eigentlich schon historische Weltbild sprengen. In Politik, Gesellschaft, Technik, Wirtschaft und so weiter beobachten wir immer mehr "Brennpunkte", Krisen, an denen sich offene Fragen und Entwicklungen zuspitzen.

Es sind zwei Seiten, die sich wie in einem Wettlauf auf eine Spitze zubewegen. Es sind die alten Strukturen von Macht und Geld, von der Herrschaft der Materie, Krankheit und Not auf der einen Seite. Und es ist auf der anderen Seite der aufkeimende geistige Wandel, der immer mehr Menschen erfasst, die beginnen, an das Gute, an eine Welt der Gerechtigkeit und der Fülle, an Gesundheit, Frieden und das Wohl aller Menschen zu glauben. Sollten sich die alten Verheißungen von Gottes neuer Welt bald erfüllen?

1999 ereignete sich in Deutschland eine totale Sonnenfinsternis. Ich hatte angesichts der an diesem Augusttag herrschenden starken Bewölkung viel Glück, dieses seltene Himmelsereignis wirklich selbst sehen zu können. Das eigene Erleben, dieser geradezu unbeschreibliche Eindruck lässt sich durch kein noch so gutes Foto ersetzen. Die totale Verfinsterung kam mir wie ein Blick in eine andere Welt vor. Es gibt nichts Schwärzeres als die dunkle Scheibe des Mondes vor der Sonne, und es gibt gleichzeitig kein vergleichbares Gefühl zu dem, das sich einstellt, wenn die unvorstellbare Kraft des Lichts sich hinter dieser schwarzen Scheibe verbirgt und *bereit* ist hervorzubrechen.

Alle Menschen, die Gottes Liebe im Herzen tragen – und ich glaube und weiß, es sind viele –, sehnen sich nach dieser grenzenlosen Liebe, nach dem Licht. Alle, die bewusst oder unbewusst auf das "Reich Gottes", auf Gottes neue Welt warten, leiden unter der Dunkelheit, die unsere Erde geistig beherrscht. Und sie sind bereit, das Licht in sich aufzunehmen. Viele spüren die Kraft des Lichts hinter der "dunklen Scheibe" schon ...

⊙ ☉ ⊙

Alle Fesseln sprengen

Das Licht will hervorbrechen. Es will hervorbrechen in uns. Und es will in der Welt hervorbrechen. Jeder Mensch, der dieses göttliche Licht in sich wieder zum Strahlen bringt, ist ein Lichtpunkt auf der Erde, und es gehen immer mehr solcher Lichter an. Gottes neue Welt kommt nicht mit Blitz und Donner, nicht mit Gewalt, sie kommt als "leises Säuseln" in die Herzen derer, die sich öffnen. Wer selbst licht wird, selbst Liebe in sich findet, macht die Welt lichter und liebevoller. Wer sich selbst heilt, heilt die Welt!

Was uns an dieser Licht- und Liebefüllung noch hindert, sind die negativen Emotionen, die alle auf Angst und Verneinung, also auf innerem Widerstand gegen das Leben beruhen. Und es waren oder sind die alten Vorstellungen, die alten Glaubenssätze unserer Kultur, unserer Eltern und unsere bisherigen, einseitigen Erfahrungen von Begrenztheit und Mangel. Es geht also darum, diese alten Fesseln zu sprengen. Es geht darum, die alten Glaubenssätze und Erfahrungen nach und nach durch neue, positive voller Weite und Fülle zu ersetzen. Dies ist der Weg in die Freiheit eines Lebens, das die Begrenztheit unserer ganz persönlichen, alten "Welt" überwunden hat – in allen Lebensbereichen.

⊙ ⊙ ⊙

Grenzenlose Liebe spüren

Dass sich unsere Wahrnehmung, unsere innere Führung, unsere Liebefähigkeit, unsere Glücksfähigkeit erweitert, wenn wir mit dem göttlichen "Feld der Unendlichkeit", dem "Bewusstseinsfeld" oder wie immer man diese geistige Welt der Ganzheit nennen mag, in Verbindung treten, ist für jeden erlebbar, der sich dem öffnet. Dann erleben wir neue Dimensionen unseres Empfindens, die wir bisher nicht kannten.

Auf meinem persönlichen Weg hat sich mir diese neue Dimension erstmals spontan eröffnet, als ich mich in einer tiefen Krise befand. Es war im Urlaub. Auf dem Hinweg hatte ich für einige Tage einen Kurzbesuch bei meiner früheren Freundin eingelegt, nachdem wir rund sechs Jahre nicht mehr zusammen waren. Nach diesen Tagen voller Konfrontation mit dem alten Chaos, den alten, herabziehenden energetischen Wechselwirkungen ging es mir total schlecht. Jede Freude war weg. Ich rang förmlich um Erlösung, denn ich war ja in Urlaub gefahren, um Kraft zu schöpfen und Freude zu haben. Kurz vor dem Abendessen lag ich verzweifelt in meinem Zimmer, als mir der Gedanke kam, diese eine, bestimmte Frage an mich selbst zu stellen: "Bist du bereit, alles ohne Bewertung so anzunehmen, wie es war und ist? Bist du bereit, diesen Menschen wirklich ganz und endgültig loszulassen?" – Es fiel mir wahrlich nicht leicht, aber im diesem Moment der inneren Not habe ich es doch geschafft, ja zu sagen – ja, ich habe *restlos* aufgegeben ...

Was ich an diesem Abend und in den folgenden Tagen erlebte, hatte ich noch nie in meinem Leben gefühlt. Mich erfasste ein allumfassendes Gefühl von Erlösung, Harmonie, von universeller, grenzenloser Liebe. Diese Liebe erfüllte nicht nur mich in jeder Faser meines Seins, sondern sie dehnte sich wie eine Aura in meine Umgebung hinaus, um alles zu erfassen, was in den Bereich meiner Wahrnehmung gelangte – die Welt und vor allem alle, alle Menschen. Egal, wen ich sah, ich spürte einfach nur Liebe. Es war eine fantastische neue Erfahrung.

Ich glaube, dieses Gefühl überströmender, universeller Liebe ist vielen Menschen völlig unbekannt. Mir hat es gezeigt, welches Potenzial wir in uns tragen. Wenn ich heute Menschen begegne, zum Beispiel beim Gang durch die Stadt, stellt sich dieses Gefühl häufig erneut in mir ein. Fremde Menschen nehme ich dann ohne Bewertung einfach nur noch wahr und fühle bei jedem dasselbe: "Du bist einmalig, du bist wertvoll, du bist ein Mensch, zu dem Gott, die Liebe ja sagt." Ob dieser Mensch mir äußerlich gefällt oder nicht, ob er/sie alt oder jung ist, dick oder dünn, groß oder klein, elegant oder ungepflegt, Mann oder Frau, Erwachsener oder Kind oder, oder, oder ... Das spielt keine Rolle mehr. Mit diesem Gefühl im Herzen gibt es plötzlich keinen "hässlichen" Menschen mehr. *Häss*lich ist ja immer nur das, was ich nicht liebe, sondern *hasse*.

Jetzt weiß ich: Es gibt eine größere Liebe als die, die wir kennen und begreifen können, eine Liebe, die uns erfassen und durchstrahlen möchte, eine Liebe, die nur von Gott kommen kann und die uns Menschen zu den Wesen macht, als die wir geschaffen sind: Bilder der Liebe Gottes. Die Wissenschaft erkennt immer mehr die "holographische Ganzheit" der Welt. So wie bei einem Hologramm jedes Teil des Ganzen die Information des Ganzen in sich trägt, so tragen auch wir Gott, das Universum und damit unbegrenztes Potenzial in uns. Die wahre Welt, die Gott schuf, ist erfüllt von Liebe, grenzenloser Liebe.

Leid, Schmerz, Schuld und alle unsere alten Enttäuschungen sind nur Illusionen, schlechte "Träume", aus denen wir jetzt, einer nach dem anderen, erwachen werden. Die Heilung unserer Beziehungen wird wesentlich dazugehören.

⊙ ◉ ⊙

Die Vision einer von Liebe erfüllten Menschheit

Das Leben aus der Quelle, der Einheit heraus ist also der Schlüssel für unser persönliches Glück – allein, in der Partnerschaft, in der Begegnung mit allen Menschen. Und es ist der Schlüssel für die Heilung und Wandlung dieser Erde, der Menschheit. Je mehr Menschen wieder in diese Gottverbundenheit eintreten, umso mehr wird auch die Erde wieder in die Dimension der göttlichen Ordnung, in ihren ursprünglichen, paradiesischen Zustand eintreten. Die Erhöhung unserer Liebesschwingung erhöht die Schwingung der Erde und umgekehrt. Beide Effekte werden sich verstärken. Positive Energie tritt mit positiver Energie in Resonanz und baut sich auf, wie in dem bereits erwähnten Film *Die Prophezeiungen von Celestine* dargestellt. Unsere Bestimmung ist der Himmel auf Erden!

Die Liebe zwischen uns Menschen, die weit über die Dimension der Liebe zwischen Partnern hinausgeht, wird dabei die entscheidende Rolle spielen. Mann und Frau werden sich dann in dieser universellen Liebe begegnen und die alten Muster der "Liebe" in Form des "Liebe-haben-Wollens" hinter sich gelassen haben. Beziehungen werden von zutiefst menschlichen Qualitäten getragen sein – frei von Abhängigkeiten.

Leben aus der Quelle

Vieles mag vorläufig nur eine Vision einer besseren, einer guten Welt mit einer von Liebe erfüllten Menschheit sein, aber eines ist sicher: Wir tragen genau dieses Potenzial in uns! Jeder, der sich auf diesen Weg macht, hilft sich und allen Menschen, es freizusetzen.

6. Kapitel:
Von der Enge in die Weite

Wir Menschen tragen – bewusst oder unbewusst – alle das natürliche Bedürfnis in uns, uns gut zu fühlen. Dabei stehen wir im Spielfeld "Leben" immer zwischen den zwei Polen:

"Ich fühle mich gut." – "Ich fühle mich nicht gut."

Wir fühlen uns gut, wenn wir Gesundheit, Glück, Freude, Liebe, Akzeptanz, Frieden, Zuversicht, Mut, Erfolg, Toleranz, Vergebung und so weiter empfinden. Umgekehrt geht es uns schlecht, wenn wir krank sind, kraftlos, frustriert, niedergeschlagen, traurig, verzweifelt, wenn wir Ablehnung und Hass erfahren oder selbst kreieren. Wenn Unzufriedenheit, Angst, Sorgen, Enttäuschung, Mutlosigkeit, Pessimismus, Schuldgefühle, Selbstvorwürfe und ähnliche Emotionen uns beherrschen. Wir kennen also positive und negative Emotionen.

Alle *negativen* Gefühle erzeugen einen Zustand innerer *Enge*, von Anspannung, alle *positiven* einen Zustand innerer *Weite*, von Entspannung in uns. Unser Leben steht also mit anderen Worten in einem emotionalen Spannungsfeld von Enge und Weite.

⊙ ☉ ⊙

Gegen Alleinsein hilft kein Partner

Viele Menschen tun sich mit dem Leben schwer, wenn sie allein sind. Hinter dem Partnerwunsch steht oft eine Flucht vor dem Alleinsein. Wenn ich mich einsam fühle, isoliert vom Leben, wird es mir eng, ich fühle mich unwohl, ja, es kann dieser Zustand geradezu eine Qual für meine Seele sein. Ich fange an zu grübeln, mir Sorgen zu machen und bin mit mir selbst konfrontiert. Ich kann nicht mehr vor meinen unerlösten Lebensthemen davonlaufen, spüre meine Wunden, meine Verletzungen, meinen Mangel. Es fällt mir die Decke auf den Kopf.

Wenn uns das alles zu heftig wird, fliehen wir vor der Enge dieser Isolation. Wir suchen Ablenkung und Gemeinsamkeit in Aktivitäten, in einer Vielzahl von Kontakten und eben auch in Partnerbeziehungen. Ich nenne das das "Singlesyndrom". Wir hängen stundenlang am Telefon, suchen mehr oder weniger zwanghaft das Zusammensein mit anderen und sind ständig auf Achse. Weil wir uns von diesen Kontakten abhängig fühlen, haben wir auch Angst, sie zu verlieren. Wir haben Angst davor, nicht beachtet zu werden, nicht mehr "dabei" zu sein, weil sich sonst ja "kein Schwein" für uns interessiert. Also versuchen wir unbewusst das Interesse an uns wachzuhalten, wir schmeicheln uns ein und tun um der Gemeinsamkeit willen Dinge, die unserem wahren Selbst nicht entsprechen, wir passen uns an, wir werden unecht. Wir leben dann mehr und mehr eine Lüge, die letztlich niemandem guttut.

Die Flucht vor der Einsamkeit kennt viele Ausdrucksformen. Das fängt schon an, wenn wir Stille nicht ertragen können. Wenn bei uns ständig das Radio laufen muss, wir mit dem "Knopf im Ohr" unterwegs sind oder - massiver - der voll aufgedrehten Stereoanlage im Auto herumfahren, dann fliehen wir vor der Stille und damit vor uns selbst. Die Flucht in eine Partnerschaft scheint fast die ultimative Lösung zu sein, um nicht mehr allein sein zu müssen. Damit sagen wir aber nicht ja zum Partner, wir sagen nur nein zum Alleinsein. Unter diesen Voraussetzungen können wir niemals zu Liebe, zu Nähe und echter Verbundenheit finden. Solche "Zweckbeziehungen" laufen sich nach anfänglicher Täuschung und Ablenkung zu Tode, sie werden leer. Wir sind zusammen – und fühlen uns trotzdem allein, verloren, isoliert, verharren nur noch in einer Rolle, leben im Grunde aneinander vorbei. Es kann keine tiefere Verbindung der Seelen entstehen, weil *wir* uns nicht verändert haben. Wir hatten die Isolation von der universellen Einheit in uns noch nicht überwunden und diesen Zustand in die Partnerschaft mitgeschleppt. Gegen Alleinsein hilft kein Partner.

⊙ ⊙ ⊙

Von der Enge in die Weite

Im Zustand der Enge haben wir Angst. Angst kommt von Enge. In der Enge zieht sich etwas in uns zusammen, macht uns klein, verkrampft sich, spannt uns an, begrenzt uns. Wenn wir dagegen in energetisch hochschwingende Zustände der Freude, Liebe, Entspannung und des Friedens gelangen, dehnt sich in uns die Unendlichkeit aus, denn dann sind wir mit dem Universum, der Ganzheit verbunden. Damit es uns gut geht, damit wir zur Liebe in uns finden, zu erfüllter Partnerschaft, zu einem erfüllten, gelingenden Leben, müssen wir uns darüber klar werden, dass wir den Weg von der Enge in die Weite gehen müssen.

Nach der indianischen Tradition sollte ein Mann vier Tugenden besitzen: Tapferkeit, Großzügigkeit, Ausdauer und Weisheit –

alles Zeichen innerer und äußerer Reife und *Weite*. Auch gute Partnerschaften sind von einer solchen Weite gekennzeichnet, also von Großherzigkeit und Geduld, Mut und Verzeihen, Respekt und Freilassen, Toleranz und Mitgefühl, Reife und Weisheit und – von der Weite gemeinsamer Ziele und Visionen. Konflikte in Partnerschaften sind dagegen immer mit einer Enge verknüpft, die begrenzt, die erdrückt.

Musterbeispiele von Konflikten in Beziehungen kennt jeder. Da gibt es die "Kletten", die sich an den Partner hängen wie ein Schiffbrüchiger an einen Rettungsring. Das engt beide ein – die Klette hat Angst, den Halt wieder zu verlieren, und dem Partner nimmt es sein Gefühl der Freiheit und damit eigentlich die Würde als Mensch. Frauen, die die Erfüllung ihrer Sehnsucht nach Glück vom Partner erwarten, klammern oder fordern. Logisch, dass Männer sich davor zurückziehen. Männer fliehen in ihre Arbeit, ihre Hobbys, ihren Sport, in Aktivitäten mit ihren Kumpels und vieles mehr. Oder sie fliehen in eine Liebesaffäre mit der Sekretärin oder der Kollegin, um der Enge ihrer Partnerschaft wenigstens zeitweise zu entkommen und sich wieder frei, weit und lebendig zu fühlen. Oder sie halten an ihrer Herkunftsfamilie fest, an "Mama" als Anker im Sturm. Angst und falsche Erwartungen sind aber Männern wie Frauen gleichermaßen zu eigen, und sie erzeugen immer eine Enge in Beziehungen, an der viele Paare verzweifeln, scheitern. Das muss nicht sein.

Das Ziel lautet deshalb, Weite in unser Leben und unsere Beziehungen zu bringen. Beginnen können wir damit, dass wir uns für die Vorstellung von Weite, von Fülle öffnen und uns bemühen, mit den Gegebenheiten positiv umzugehen, indem wir uns entgegen unserer alten Gewohnheiten – wann immer möglich – alternativ auf Gedanken, auf Gefühle konzentrieren, die in Richtung Weite gehen. Das wird uns allerdings nicht immer und nicht immer im ersten Anlauf gelingen. Sich in dieser Hinsicht zu üben, ist deshalb notwendig. Dafür gibt es viele Gelegenheiten.

⊙ ⊙ ⊙

»Das Weite suchen ...«

Entgegen der bekannten Redewendung geht es hier nicht um Flucht, sondern um eine Hinwendung zu Dingen, die mehr Weite ins Leben bringen. Das können wir zunächst ganz praktisch erleben – mit unserem Körper! Wenn ich die Enge meiner Wohnung verlasse, in die Natur gehe, wandere, auf einen Berg steige, im Garten arbeite, mich bewege, Sport treibe, komme ich ganz von selbst mit Weite in Berührung. Also wann immer ein Gefühl von Enge aufkommen will, ist das erste Rezept dagegen: "Geh raus! Bewege dich, atme, lass deine Füße, deine Sinne weiten Raum erfahren."

Schon Johann Wolfgang von Goethe bemerkte, dass ihm die besten Gedanken beim Gehen gekommen seien. Gehen, Wandern ist die einfachste, billigste und beste Grundübung für Seele und Körper. Wenn ich gerade einmal nicht gehen kann oder will, kann ich wenigstens eine der vielen anderen körperlichen und sinnlichen Möglichkeiten zur Erfahrung von Weite für mich nutzen.

Wenn ein Gefühl von Isolation, von Getrenntheit in mir aufkommt, wenn ich mich in meinem Körper sehr begrenzt fühle, als winziges Sandkorn im Universum, abgeschnitten von allem, dann kann ich dem bewusst entgegentreten, indem ich mich innerlich auf die Vorstellung von Einheit konzentriere. Mit der Vorstellung "Ich bin eins" oder "In mir ist das ganze Universum" komme ich zum Beispiel wieder in die Verbundenheit, mein Atem wird automatisch tiefer und mit jedem Einatmen nehme ich das Universum in mich auf. Mit jedem Ausatmen lasse ich dagegen los und gebe mich vollkommen der Einheit hin.

Atemübungen geben auf einfache, wunderbare Weise frische Kraft. Yoga, Qigong und anderes lassen uns schon rein körperlich Ausdehnung und Raum erfahren. Ja, ganz simple Dinge wie Gähnen, Sichstrecken und Dehnen steigern unser Wohlbefinden und geben uns eine positive Stimmung. Oder lächeln Sie einmal bewusst, ganz sanft und heiter. Stellen Sie sich vor, Sie schmunzeln einfach über das, was gerade ist, betrachten es mit Humor. Spüren Sie, wie sich Ihr Gesicht von selbst entspannt und von sanfter Weite erfüllt wird? Oder singen, lachen Sie – da weiten sich viele Räume ...

Wenn wir gute, aufbauende Musik hören, Klänge der Weite, die uns in die Unendlichkeit führen, wenn wir lauschen, fühlen, schaffen wir von selbst eine Verbindung zu etwas, das größer ist als wir. Unsere Träume, unsere Phantasie, unsere Weite will Nahrung. Kinder suchen in ihrer Phantasie ganz natürlich nach dieser inneren Weite. Kinder wissen noch instinktiv, was sie brauchen.

Auch wenn wir eine Urlaubsreise machen, suchen wir im Grunde ebenfalls die Erfahrung von Weite. Wenn wir das äußere Erleben der "großen, weiten Welt" als Gefühl mit in unser tägliches Leben hinübernehmen können, als "Proviant" an Weite sozusagen, ist es gut. Wenn uns aber gleich wieder der Alltag erschlägt, machen wir etwas falsch, wir gehen dann leider unbewusst wieder in die Enge. Unsere *Erholung* ist dahin, wir geben wieder her, was wir uns ge*holt* hatten – schade.

⊙ ⊙ ⊙

Mit dem Ärger wird es nur ärger

Wenn Sie sich also zu Hause oder bei der Arbeit wieder über dies und das, über die unmöglichen Kollegen oder den Chef, der Sie quält, ärgern, wird es nur ärger. Schlimm genug, wenn Ihnen jemand das Leben schwer macht – schlimmer, wenn Sie sich auch noch darüber ärgern. Kein Mensch zwingt Sie übrigens, sich über etwas zu ärgern, wütend zu werden. Das tun Sie vielmehr ganz freiwillig, und oft trifft es den "Schuldigen" nicht einmal, weil der gar nichts davon weiß. Ihnen geht es dreckig, weil *Sie* sich ärgern. Oder etwa nicht?

In Ihrem Ärger schreien Sie jedoch auf und zeigen auf den "Schuldigen" – so kombiniert unser Verstand: Jener Mensch hat mir dies und das angetan, etwas Schlechtes gesagt und so weiter, deshalb bin ich wütend. Wir glauben oft, diese Reaktionen seien normal, wir be*schweren* uns, wir schimpfen und merken nicht, wie wir uns unnötig selbst schaden, es *uns schwer* machen. Fragen Sie sich in solchen Situationen, anstatt Ungutes mit Ungutem zu beantworten, besser: "Wie kann ich die Situation entschärfen, wie kann ich diese Gefühle heilen? Was hat das mit mir zu tun, warum rege ich mich so darüber auf? Was soll ich daraus lernen?" Es geht nicht darum, Wut und Ärger zu schlucken, zu unterdrücken. Wut kann der notwendige Impuls zur Veränderung zum Guten sein, ein instinktiver Ausbruchversuch aus der Enge. Aber erst die Antwort auf die Frage, was mein Anteil, mein unerlöstes Muster an und in dieser Situation ist und wie ich *das* heilen kann, bringt mich wirklich weiter.

Letztlich möchte ich ja gar nicht in die Enge des Ärgers, der Wut gezogen werden, sondern ich will mich wohlfühlen, in der Weite bleiben, Meister meines Lebens sein. Die Grundfrage ist also: Wie kann ich lernen, mit Negativem, mit Verletzungen, Schmerz, Verlust, Enttäuschungen, Schwächen und Fehlern – meinen eigenen und denen der anderen –, mit der Unvollkommenheit dieses Lebens an sich richtig umzugehen und sie dadurch zu überwinden?

⊙ ⊚ ⊙

Schwächen annehmen macht stark

Bevor ich die Unvollkommenheit des Lebens und meine "Fehler" in mir transformieren und aufhören kann, damit zu hadern, muss ich sie zuerst vollständig annehmen. Das erscheint zunächst paradox. Denn wir sind gewohnt, das "Schwache" in uns und all die "Schwachpunkte" in der Welt zu bekämpfen, vernichten zu wollen.

Die christliche Religion lehrt das Prinzip, sich einerseits nicht vom Unguten überwinden zu lassen, also mit Bestimmtheit "standhaft" zu sein, andererseits aber nicht gegen die "Feinde" anzukämpfen, sondern alles durch Liebe zu überwinden. Sie betont die Tatsache, dass der Mensch schwach ist, ein Sünder, ein Nichts, das erst durch die verzeihende Liebe, die Gnade und Stärke Gottes, also in der Einheit mit Gott seine Stärke, sein Heil findet. Wenn wir unsere Schwächen annehmen, sie nicht länger verurteilen, sondern als das sehen, was sie sind, nämlich etwas ganz Natürliches, binden wir sie in das universelle Bewusstsein ein, integrieren sie in das große Ganze, öffnen den Weg zu ihrer Transformation und verwandeln sie damit am Ende zu Stärken. Wir geben ihnen eine Existenzberechtigung und *damit* auch die Chance zu ihrer Entwicklung, ihrer Wandlung. Sonst unterdrücken wir etwas, was in anderer Form wieder an die Oberfläche kommt, kommen muss, zum Beispiel als Gewalt.

In Wahrheit ist Schwäche nur eine andere Ausdrucksform von Stärke. Beide Ausdrucksformen gehören zusammen und stehen in Beziehung zueinander. Werturteile sind daher fehl am Platz. Liebe besteht ja gerade im bedingungslosen Annehmen dessen, was ist. Das ist Weite. Liebe finden bedeutet daher auch, zu seinen Schwächen und Fehlern zu finden – zu erkennen, dass wir alle unvollkommen sind und es sein dürfen – ganz bewusst!

◎ ◉ ◎

Nicht kämpfen – überwinden

Den instinktiven Glauben, allein schwach und unvollkommen zu sein, hat jedes kleine Kind. Vielleicht haben wir in unserer Kindheit daran gelitten, uns hilflos zu fühlen, und nun flüchten wir als Erwachsene vor diesem "unerträglichen" Gefühl der Schwäche. Wir stellen an uns und andere hohe Ansprüche. Wir werden hart zu uns und anderen und spielen die Starken, die "tollen Kerle". Das tun Männer gerne, Frauen aber nicht selten auf ihre Weise genauso. Wir bekämpfen die Unvollkommenheit in uns und um uns aus Angst vor ihr. Dieses ehrgeizige Kämpfertum beschert unserer Welt viel Härte und Leid. Wir kämpfen gegen Krankheiten, Hunger, Umweltzerstörung, Klimaveränderung, gegen Drogen, Kriminalität, gegen den Krieg und vieles mehr – mit zweifelhaften Erfolgen und Methoden. Denn in alles Negative, das wir bekämpfen, investieren wir unsere Energie – und verstärken es damit. Das ist ein Naturgesetz. Obwohl wir das Gute wollen, denken und handeln wir falsch, wenn wir gegen etwas kämpfen.

> Wer gut die Feinde zu besiegen weiß,
> kämpft nicht mit ihnen.
>
> Lao-Tse

Für unsere eigene "Welt" bedeutet dies, seine inneren "Feinde", Ängste, seine Mutlosigkeit, Hemmungen, Fehler, Dummheiten, sein Versagen und seine Misserfolge als natürlichen Teil seines Weges anzunehmen und nicht länger im Widerstand dagegen zu leben. Dann hört unserer innerer selbstzerstörerischer Kampf auf, und wir setzen unsere Energie endlich frei für das, was wir wollen. Wir räumen den Weg frei, um nach und nach hinter uns zu lassen, was nicht zu uns gehört – die Enge von Ärger, Wut, Trauer, Schuld, Selbstvorwürfen und Co.

⊙ ⊙ ⊙

Verluste schmerzen ...

Eine meiner Lektionen, die ich lernen durfte, waren die Verluste, die ich erfuhr. Ich durfte lernen, dass das Leben nicht ohne Verluste abgeht. Und ich durfte lernen, mein Glück nicht von anderen oder von Besitztümern abhängig zu machen. Wenn wir einen Verlust erleiden, der einen mehr oder weniger bedeutenden Einschnitt in unserem Leben darstellt, werden wir unter dieser Erfahrung leiden, Trauer fühlen. Das ist menschlich und gehört zu uns. Aber in uns steckt auch die Kraft, Rückschläge und Verluste zu überwinden, zu verdauen.

Ein bescheidenes Beispiel dazu aus meinem Leben: Vor etwa 20 Jahren habe ich ein Waldgrundstück gekauft und hatte immer viel Freude an der Arbeit im Wald, an "meinen" Bäumen. Dann kam 1999 der Sturm Lothar und hat fast alles niedergerissen. Im ersten Schock habe ich mich gefragt, wie ich nach diesem Verlust jemals wieder glücklich werden könnte. An meinem täglichen Leben hatte ich zwar bald wieder Freude, weil es ja auch viel anderes, Gutes darin gab, aber an meinem zerstörten Wald litt ich lange Zeit. Zunächst überließ ich alles sich selbst, und auf der Kahlfläche wuchsen bald üppig Gestrüpp und Sträucher – aber kaum ein Bäumchen. Nach und nach begann ich, den Verlust anzunehmen und mich wieder schöpferisch der neuen Situation zuzuwenden. So räumte ich allmählich die Fläche frei und begann mit der Wiederaufforstung. Inzwischen habe ich rund 700 Bäume neu gepflanzt und daran eine solche Freude gefunden, dass für mich der damalige Verlust unbedeutend geworden ist. Im Gegenteil, die Freude an der Neugestaltung der "Wüste nach dem Sturm" ist am Ende größer gewesen. Es war anders gekommen als gedacht. Es ist anders geworden, ja. Aber letztlich hat nur ein Wechsel stattgefunden. Das Alte ist durch etwas Neues ersetzt worden, etwas ebenfalls Wertvolles. Ich musste diesen Wert nur erkennen ...

⊙ ☉ ⊙

... aber das Leben geht weiter

Auch wenn wir große Verluste verschmerzen müssen – das Leben geht so oder so weiter. Es liegt an uns, etwas daraus zu machen. Nach dem Ereignis, das uns etwas genommen hat, stehen wir natürlich zunächst vor einem Aus. Da ist nun einmal ein "Tsunami" über uns hinweggefegt. Wir liegen hilflos, ohnmächtig am Boden, kraftlos, mutlos. Wenn wir uns allmählich wieder aufrappeln, gilt es, die Herausforderung anzunehmen, nach vorn zu schauen, um nicht in Trauer und Opferdasein hängen zu bleiben.

Menschen, die ihren Partner verlieren, tun sich oft besonders schwer. Vor etlichen Jahren bin ich einem Mann begegnet, der mir eine Weisheit mit auf den Weg gab. Er sagte, dass alle menschlichen Begegnungen hier im irdischen Leben zeitlich begrenzt seien, egal, wie kurz oder lang es im Einzelnen gewesen sein mag. Egal, ob wir 50 Jahre oder nur kurze Zeit mit einem geliebten Menschen einen gemeinsamen Weg gehen dürfen, es kommt immer die Zeit des Abschieds, eine Zeit danach ...

Dann bin ich wieder ich – *ewiges Ich* im Spiel der Zeit. Das ist die göttliche Ordnung, und sie ist gut so.

Es ist im Grunde eine ähnliche Situation wie die, in der ein Single steht. Ich kann mit dem Alleinsein hadern oder sagen: "Okay, ich bin jetzt allein – aber ich mache etwas daraus." Dann gehe ich weiter – mit dem Leben statt dagegen. Genau *das* will mir das Leben jetzt zeigen, das ist meine Aufgabe: Ich soll neue *Weite* suchen, indem ich *weit*er gehe!

> Es gibt Berge, über die man hinüber muss,
> sonst geht der Weg nicht weiter.
>
> Ludwig Thoma

◉ ⊙ ◉

Der Schmerz ist mein Helfer

Der Schmerz dient uns. Er zeigt uns unsere Verletzlichkeit, unsere Wunden – und weist uns damit den Weg zu ihrer Heilung. Schmerz ist ein natürliches Rückmeldesystem des Körpers und der Seele. Schon Paracelsus erkannte, dass zum Heilungsprozess Schmerzen gehören. Wir haben aber gelernt, Schmerzen auszuweichen, sie mit Medikamenten zu unterdrücken, weil wir sie nicht haben wollen, weil wir – tiefer betrachtet – etwas in unserem Leben nicht wahrhaben wollen. Es ist so ähnlich, wie wenn man im Auto eine rote Kontrolllampe aufleuchten sieht und dann die Lampe als Störung betrachtet und versucht, sie auszuschalten. Eine Lampe lässt sich abschalten, aber das Signal, das uns das Leben gibt, wird immer wieder aufleuchten, bis wir endlich verstehen, was es uns sagen möchte.

Sobald ich in meiner Erfahrung - meinem "Schmerzsignal" - etwas Sinnvolles, etwas zur Heilung Führendes sehe, mich auf den Prozess einlasse und mich und mein Leben verstehen lerne, beginnt eine Veränderung. Und wenn dann der Schmerz seinen Zweck als Signal erfüllt hat, kann und wird er auch wieder gehen. Dann war er mein Helfer. Nicht mehr und nicht weniger.

⊙ ⊙ ⊙
Vom Glück, Fehler zu machen

Aber es müssen ja nicht gleich die großen Verluste sein, schon mit kleinen Fehlern schlagen wir uns mehr herum, als sie es wert sind. Das kennen Sie gut: Sie haben - scheinbar - irgendeine falsche Entscheidung getroffen, die Ihnen Nachteile einbrachte, Sie haben einen Fehler gemacht, eine Dummheit begangen, etwas falsch gemacht oder gesagt. Sie haben jemanden verletzt und sich mit Ihrer "Unfähigkeit" auch noch blamiert. Jetzt machen Sie sich deshalb Vorwürfe, schämen sich vor anderen. "Irren ist menschlich", das wussten schon die alten Römer und meinten damit im Kern, man solle doch Mitgefühl mit seinen Fehlern und denen der anderen haben. Wie gehen wir aber mit unseren Fehlern um?

Vor einiger Zeit unterlief mir aus Nachlässigkeit ein Versäumnis bei der Kassenführung für einen Verein, und ich stand mit diesem

Eingeständnis nun vor der Mitgliederversammlung. Da ich selbst Wert auf Sorgfalt lege, sah ich darin einen echten Fehler. Die ersten Gedanken, mir deswegen "Stress zu machen", nahm ich geistig aber nicht an. Vielmehr entschloss ich mich, mir selbst und der Versammlung gegenüber ganz selbstverständlich einzugestehen, dass ich etwas versäumt hatte. Ich habe mich einfach bei den anwesenden Vereinsmitgliedern entschuldigt und hatte auch prompt den richtigen Einfall, wie die Situation einwandfrei bereinigt werden könnte. Niemand hatte damit ein Problem, alle akzeptierten die Tatsache, das eben jeder Fehler machen kann – auch der "beste" Kassenwart.

Wenn wir in unseren Fehlern unsere besten Lehrer sehen, um achtsam, feinfühlig, verzeihend und mitfühlend zu werden, sind sie Geschenke. Wir können über sie hinauswachsen – aber nicht indem wir sie ablehnen, sondern indem wir ihnen den Stellenwert geben, der ihnen gebührt: Es sind Kleinigkeiten, Nebenerscheinungen auf einem in der Summe erfolgreichen Weg, die es nicht wert sind, uns Kummer zu bereiten. Sie sind vielmehr genau die Helfer, die wir brauchen. Und wir werden staunen, wie verständnisvoll und nachsichtig andere Menschen mit uns umgehen werden, sobald *wir* unsere Fehler lieben können.

⊙ ⊙ ⊙

Vergeben – sich selbst und anderen

Das Thema Vergebung gehört untrennbar zur Unvollkommenheit unseres Seins. Vergebung ist der Schlüssel, mich und andere von den Fesseln der Vergangenheit zu befreien. Solange wir unsere Vergangenheit aber nicht geklärt, erlöst haben, wird sie als Schatten unsere Zukunft verfolgen und beeinträchtigen. Vergebungsarbeit ist etwas grundlegend Wichtiges, und wer das Gefühl hat - und das haben wir alle -, dass in seinem Leben nicht alles optimal war, tut gut daran, zuerst einmal mit der Vergebung zu beginnen. Es gibt dazu viele Möglichkeiten und Hilfsmittel.

Bei mir hat sich das Gefühl der Vergebung und des "mit dem Vergangenen im Frieden sein" nach und nach eingestellt auf meinem spirituellen Weg. Dabei habe ich auch eine Falle dieses Weges erkennen dürfen, in die jeder einmal hineintritt: die Überheblichkeit. Wenn wir auf dem spirituellen Weg voranschreiten und immer mehr von der Wahrheit erkennen dürfen, wird Unvollkommenheit unbemerkt zu etwas, was wir abzulehnen beginnen. Wir werden hart und überheblich und sehen die "Fehler", die all die vielen Menschen haben, die noch nicht so weit sind wie wir. Wir halten uns schon für "kleine Heilige" und meinen, man müsse auf Erden vollkommen werden. Entweder sehen wir auf andere herab oder wir beginnen, sie zu missionieren - oder beides. Da war ich keine Ausnahme. Das Leben hat mich aber immer wieder auf die richtige Spur gebracht, indem ich gerade solchen Menschen begegnete, an denen ich Mitgefühl und Vergebung lernen, üben konnte.

Es gibt eine schöne Geschichte zur Bedeutung der Vergebung, die wiederum Paulo Coelho erzählt hat: Ein heiliger Mann war auf dem Weg nach Mekka. Plötzlich bemerkte er die Gegenwart Gottes neben sich. Er fiel zu Boden und flehte Gott an: "Herr, erweise mir nur die eine und einzige Gnade, dass ich Dich niemals beleidigen werde." Gott antwortete aber: "Diese Bitte kann ich dir nicht erfüllen." Verwirrt fragte der heilige Mann nach der Ursache, und Gott erklärte ihm: "Wenn du mich niemals beleidigen würdest, hätte ich nie Grund dir zu verzeihen - dann würdest du aber selbst bald die Bedeutung der Vergebung verlernen und hart werden. Deshalb setze deinen Weg in Liebe fort - und lass mich dir ab und zu verzeihen."

Wenn Gott uns verzeiht, gibt es keinen Grund, dass wir es nicht tun – uns selbst und anderen.

⊙ ⊙ ⊙

Eine Meile des Weges in seinen Mokassins ...

Vergebung, Verständnis und Nachsicht sind Ausdruck für die innere Weite eines Menschen. Vielleicht war es das weite Land der Prärie in Nordamerika, das den Indianern ihre innere Weite gab und sie lehrte, Mitgefühl mit allen Wesen zu haben und ihre Mitmenschen sowie die Natur zu achten. Sie sprachen davon, dass man über keinen Menschen urteilen solle, ehe man nicht eine Meile des Weges in seinen Mokassins gegangen wäre.

Höre allen Menschen zu und versetze dich in ihre Lage, dann wirst du verstehen, warum sie so sind, wie sie sind, und so handeln, wie sie handeln. Mein Verstehen ändert die Menschen nicht, aber es erlaubt mir, die Dinge im richtigen Licht zu sehen – menschlich. Mitgefühl und Vergebung sind die Zauberworte der Liebe. Wenn wir gelernt haben, mit uns selbst nicht mehr hart, sondern mitfühlend, milde umzugehen, wenn wir unsere eigene Unvollkommenheit angenommen haben und uns unsere Fehler vergeben können, können wir dies auch in die Begegnung mit anderen, insbesondere in eine Partnerschaft hineintragen.

⊙ ⊙ ⊙

Vollkommen unvollkommen

Vollkommenheit gibt es nicht, trotzdem streben wir sie an. Dieses Streben ist nicht falsch, wenn wir es auf die richtige Art tun, indem wir "vollkommen unvollkommen" werden. Dieses kleine Wortspiel will sagen, dass es darum geht, mit der natürlichen Unvollkommenheit der Dinge und Menschen "vollkommen", also richtig umzugehen, indem wir die richtige Einstellung dazu gewinnen und alles in die Weite, die Ganzheit des Lebens integrieren. Dann haben wir nicht länger einen Grund, darunter zu leiden und uns zu ärgern. Dann können wir uns als Partner verständnis- und liebevoll auf dem Weg begleiten und gemeinsam reifen. Wichtig ist, ab sofort damit anzufangen – unabhängig davon, was mein Partner gerade tut oder auch nicht. Natürlich ist es schneller und effektiver, wenn es beide gemeinsam tun, aber für den Anfang genüge ich selbst – alles andere sind nur Ausreden, Projektionen und falsche Schuldzuweisungen. Wenn ich dem *anderen* die Schuld gebe, dass *ich* mich nicht entwickeln kann, verleugne ich lediglich die elementare Selbstverantwortung für mein Leben. Ich bin dann nicht bereit, meine Lebensaufgabe an und in die Hand zu nehmen. Das ist aber allein meine eigene Entscheidung. Mein Partner kann nichts dafür.

⊙ ⊙ ⊙

Wir brauchen Liebe und Mut ...

Zwei Punkte kristallisieren sich für mich immer wieder heraus: Wir brauchen sowohl Liebe als auch Mut, um in die Weite unseres Lebens und unserer Partnerschaften zu kommen. Es heißt, dass, wenn man eines von beiden hat, man das andere auch entwickeln wird. So können wir beginnen, wo wir gerade stehen. Mut kann bedeuten, nein zu sagen, Grenzen zu setzen, wo meine Verletzlichkeit berührt wird, einem geliebten Menschen etwas zu sagen, was er/sie nicht hören will. Liebe bedeutet, mich selbst zu lieben und deshalb dem Partner wenn nötig klarzumachen, was mir nicht guttut. Liebe und Mut zu haben bedeutet, offen zu sein, sich zu zeigen, zur eigenen Wahrheit zu stehen und sich mitzuteilen, statt etwas totzuschweigen. Es braucht weniger Mut, jemanden ins Gesicht zu schlagen, als zu sagen: "Ich habe Angst."

Besonders uns Männern fällt es schwer, unsere Gefühle auszudrücken – positive wie negative. Dabei haben wir nicht weniger Gefühle als Frauen, aber wir können schwerer damit umgehen, unsere Verletzlichkeit weniger gut zeigen. Der weibliche Pol unserer Seele wartet meist noch auf seine Entfaltung, auf die Qualität der Hingabe, des Zulassens und der Feinfühligkeit.

Die sanfte, empfindliche Zartheit eines Schmetterlings mag uns als Bild auf diesem Weg leiten. Wenn sich unsere weibliche Seelenhälfte in Form von Liebe und Sanftheit wieder zeigen kann und sich mit dem männlichen Pol des Mutes paart, entsteht aus Sanftheit und Mut *Sanftmut*. Nach den alten Traditionen ist Sanftmut das Kennzeichen einer reifen, spirituellen Seele.

Lao-Tse nennt vier Tugenden:
- Ehrfurcht vor dem Leben
- Aufrichtigkeit
- Sanftmut
- Hilfsbereitschaft

Diese Tugenden muss ich zuerst in mir selbst gefunden haben, bevor ich sie auch in einer Partnerschaft leben kann, bei der es darum geht,

- Achtung und Wertschätzung füreinander zu haben, dem anderen seinen Freiraum zu lassen, "gesunden Abstand" zu halten;

- offen zueinander zu sein, seine Wahrheit mitzuteilen, also echt, authentisch zu sein;

- zart, mitfühlend, verzeihend zu sein und verständnisvoll miteinander umzugehen;

- zu erkennen, was dem anderen wirklich hilft, zu helfen, ohne sich aufzuopfern, also das Gute zu erkennen und zu tun - das Gute für alle Beteiligten.

◉ ◉ ◉

... und eine gute Portion Humor

Bei aller Ernsthaftigkeit sollten wir nicht vergessen, dass das Leben als Leben in der Leichtigkeit des Seins gedacht ist, in der spielerischen Leichtigkeit, die der Schmetterling lebt, wenn er in der Sonne flattert. Warum sollten wir es uns schwerer machen als nötig?

> Das Leben belohnt uns nicht dafür,
> dass wir es uns schwer machen –
> also machen Sie es sich leicht.
>
> Kurt Tepperwein

Kinder sehen das Leben spielerisch, sie verstehen es, an für uns Erwachsene unbedeutenden Dingen Freude zu haben. Kinder sind wunderbare Lehrer für uns, wenn wir sie und ihre Art zu leben ernst nehmen. Der Umgang mit Kindern ist eine Bereicherung, die wir auch als Mann oder Frau ohne eigene Familie erfahren können. Ob es Kinder in der Verwandtschaft oder von Freunden sind, wo wir uns nützlich machen können, indem wir sie betreuen und etwas mit ihnen unternehmen, oder gleich die Mithilfe in einer Kindereinrichtung – es gibt zahlreiche Gelegenheiten für jeden und jedes Alter.

Dinge spielerisch zu sehen und sich bei allem ein Quäntchen Humor zu bewahren, die Komik des Lebens hinter den Dingen zu entdecken, gibt uns innere Weite. Es mag zum Beispiel ein kleines Missgeschick sein, das die Komik des Lebens offenbart und uns über uns selbst, unsere "Fehler" lachen lässt.

Mit einer Freundin hatte ich solch ein Erlebnis. Sie stand vor ihrem Kleiderschrank, hatte etwas herausgewühlt und auf dem Boden liegen. Irgendwie war ich in diesem Moment wohl unachtsam gewesen, als ich hinzukam und tollpatschig auf das "gute Stück" trat. Anstatt zu schimpfen, schlüpfte meine Freundin mit den Worten: "Würdest du bitte von meinem Pullover gehen!?" in eine spielerische Rolle. Der Überraschungseffekt war großartig, und mein verdutztes Gesicht muss ebenso theaterreif gewesen sein wie ihre Worte, sodass wir beide spontan in ein herzhaftes Gelächter über die Komik der Situation ausbrachen. Wäre ihre Aufforderung nicht so kreativ-humorvoll gewesen, hätte ich mich vielleicht angegriffen gefühlt und aggressiv reagiert, indem ich ihre "Schlamperei", Kleider herumliegen zu lassen, gerügt hätte. So aber konnten wir nachsichtig, sanft und liebevoll bleiben, ohne das jeweilige Verhalten des anderen bewerten oder verurteilen zu müssen.

Humor heißt nicht, einen lustigen bunten Zuckerguss über alles zu gießen, alles "unter den Teppich zu kehren" und eine fröhliche Fassade zu bewahren, um sich von ernsthaften Problemen abzulenken. Humor heißt nicht, ständig Witze zu reißen oder andere durch den Kakao zu ziehen und sich über jemanden lustig zu machen. Das hat mit gutem Humor nichts zu tun. Es geht nur darum, die Dinge nicht ernster und dramatischer zu sehen, als sie sind, und nicht die berühmte Fliege zum Elefanten zu machen. Es meint, sich von tausend Kleinigkeiten nicht die Freude am Leben nehmen zu lassen und zu erkennen – dass in der Wahrheit der göttlichen Weite *alles* eine Kleinigkeit ist. Es geht darum, sich ein sanftes Schmunzeln über das Leben zu bewahren und mit den Dingen im Frieden zu bleiben.

⊙ ⊙ ⊙

Liebe – nichts für »Aussteiger«

Wenn die Liebe nicht so groß ist,
dass sie beständig ist,
dann ist sie zu klein.

Peter Rosegger

Liebe ist nicht schmalzig, Liebe ist Stärke, Liebe braucht Mut. Wir suchen meist aus einer Mischung von Bedürftigkeit und Angst heraus nach Liebe, nach einem Partner, wir suchen Halt, den wir in uns selbst noch nicht gefunden haben. Wir verwechseln romantische Träume, das Gefühl des Verliebtseins mit echter Liebe. Wir beschäftigen uns mit einer Seifenblase, obwohl wir uns im Innersten nach dem Fels in der Brandung sehnen.

Liebe hat mit Treue zu tun. Treue ist unmodern geworden. In einer freizügigen Gesellschaft scheint alles möglich und erlaubt. Wir probieren miteinander herum, ohne uns wirklich nahegekommen zu sein, ohne Verantwortung füreinander übernehmen zu können und zu wollen – und wir vergessen dabei, dass wir bei aller äußerlichen Freizügigkeit in uns noch lange nicht frei sind. Aber darauf käme es in Wirklichkeit an!

Treue hat mit "sich etwas zu*trauen*" zu tun, mit Ver*trauen*, sich einlassen, hingeben, wahrhaftig sein, beständig sein, durchhalten und – verzeihen. Treue ist eine starke Schwester der Sanftmut und wie sie eine Verbindung von Liebe und Mut, von männlich und weiblich, von Gott und Göttin. Es geht um die be*ständ*ige Liebe, um Liebe, die *stand*fest ist, die fest steht, die einfach da ist – um die Liebe, die aus ganzem Herzen *JA* sagt. Wir träumen von einer solchen Liebe. Geschichten, Märchen, in denen es um diese unzerstörbare Liebe geht, berühren uns. Wir wünschen uns jemanden, der mit uns durch dick und dünn geht. Denn diese Treue hat eine Qualität, die dem Menschsein würdig ist. *Diese* Treue ist nicht "out", diese Treue ist Nähe, Verbundenheit, innere Weite.

Treue bedeutet aber nicht, sich an den anderen zu ketten und eine früher oder später erdrückende Verpflichtung zu haben. Treue ist kein Widerspruch zur persönlichen Freiheit, sondern eine Tiefe, die meine Liebe erreicht, wenn ich in mir selbst Tiefe, Zugang zur Quelle, zur Weite gefunden habe. Dann kann mich die Unbegrenztheit der Treue erfassen.

Gott ist das Musterbeispiel der Treue, er verlässt *uns* nie – nur wir können *ihn* verlassen. Wenn unsere Liebe von der göttlichen Liebe durchdrungen wird, haben wir diese Treue. Wir lassen einen Menschen dann nicht mehr einfach fallen, wir bleiben ihm gegenüber im Herzen in einem Zustand des "Wohlwollens", auch wenn es äußerlich notwendig sein kann, Grenzen zu ziehen oder sich sogar zu trennen und eigene Wege zu gehen. Treue ist also kein Entschluss, keine Pflicht, kein "Schwur", um jeden Preis mit einem anderen Menschen zusammenzubleiben, sondern es ist ein Ausdruck dafür, dass ich zu mir, zu meiner tiefen Wahrheit gefunden habe und mir deshalb selbst treu bin. Dann liebe ich mich und andere – egal, was kommt. Dann ist meine Liebe so groß, so weit, so tolerant, so bedingungslos, dass sie treu ist, dass sie beständig sein kann.

7. Kapitel:
Ende der Suche

Wenn wir erkannt haben, was in uns nach Heilung, nach Erfüllung sucht und auf welche Weise dies geschehen kann, wenn wir aus der Quelle leben und über unsere bisherigen Begrenzungen hinausgewachsen sind, haben wir alles, was wir brauchen, um uns endlich ganz am Leben freuen zu können, um "wunschlos" glücklich zu sein.

So weit, so gut. Trotzdem sind wir aber möglicherweise immer noch allein, wünschen uns eben doch einen Partner, haben noch unsere Träume. Wie gehen wir damit um? Wie können wir auf die richtige Art und Weise, im Einklang mit der Quelle, unser Leben praktisch angehen und dabei zum Beispiel auch einen Partner finden? Ich behaupte, am Ende haben wir nur eine Wahl: Suche *ohne* Ende – oder *Ende* der Suche!

◉ ◎ ◉

Suchen oder finden

Haben Sie auch schon einmal verzweifelt etwas gesucht und nicht gefunden? Natürlich – haben Sie. Und wann haben Sie es dann doch gefunden? Genau, als Sie bereits aufgegeben hatten, als Sie nicht länger danach suchten, da kam der richtige Gedanke, oder Sie stolperten plötzlich "zufällig" darüber. Zufällig heißt, dass es Ihnen *zugefallen* ist. Es kam *zu* Ihnen, ohne Mühe. Warum es sich durch das Suchen also schwerer machen als nötig?

Suchen und finden wird oft miteinander in Verbindung gebracht – das eine als Folge des anderen, als Folge unserer Aktivität. Wenn wir eine neue Arbeitsstelle brauchen, eine andere Wohnung wollen, sagen wir immer: "Ich suche ..." Wir sehen die Aufgabenstellungen des Lebens als etwas, was wir (ich – unser Ego) allein zu bewältigen haben. Das ist die allgemein verbreitete Vorstellung der Menschen: Um etwas zu finden, muss ich danach suchen. Bekanntschaftsanzeigen in Zeitungen, im Internet oder bei Partnervermittlungen und so weiter zeugen von der Vorstellung, "dem Glück" durch gezieltes Suchen auf die Sprünge helfen zu können. Klingt nach Nachhilfe aus der Schulzeit. Aber braucht das Leben, das Universum, Gott Nachhilfe?

Ein Bekannter, ein pensionierter Witwer, hatte jahrelang versucht, über Anzeigen eine neue Partnerin zu finden. Nachdem er im Alter noch den Führerschein gemacht hatte, um bei potenziellen Kandidatinnen punkten zu können, und daneben auch viel Geld in Anzeigen investiert hatte, ohne Erfolg zu haben, hat er schließlich aufgegeben und nichts mehr unternommen. Er hat fortan einfach nur noch für sich gelebt und das getan, was ihm Freude machte. Ein paar Jahre hat es gedauert – aber dann hat er tatsächlich eine wunderbare, attraktive, warmherzige Partnerin gefunden. Er hatte den Partnerwunsch sozusagen "vergessen", und dann ist es wie von selbst geschehen – bei einer seiner Aktivitäten, auf einer Reise ...

Für mich ist diese kleine Geschichte einer erfolglosen Partner*suche* und eines erfolgreichen Partner*findens* beispielhaft für das Prinzip des Lebens, das eben nicht heißt "suchen *und* finden", sondern richtig lautet: "suchen *oder* finden." Solange ich in der Vorstellung lebe, suchen zu müssen, um zu finden, *muss* ich suchen – manchmal, häufig ohne Ende. Das verzweifelte, ungeduldige Suchen nach dem Partner fürs Lebens steht unserem Wunsch mehr im Weg, als dass es Erfolg hätte. Natürlich ist es sinnvoll, wenn ich beispielsweise eine neue Arbeit oder Wohnung brauche, nicht bloß die Hände in den Schoß zu legen und zu warten, bis ein anderer mein Bedürfnis errät und mir den Traumjob oder die Traumwohnung anbietet. Eigene, äußere Aktivität hilft mit, das Richtige für uns zu finden, Erfolg garantiert sie aber keineswegs. Das Richtige lässt sich nicht erzwingen, das Falsche schon eher ...

Das Wichtige ist zu verstehen, dass der Erfolg des Findens nicht im streng ursächlichen Zusammenhang mit dem Suchen steht, sondern vielmehr das Ergebnis von Zusammenhängen ist, die auf anderen, geistigen Ebenen des Seins liegen. Diese Ebenen können durch das äußere Suchen nicht erreicht werden. Im Gegenteil – endlose Sucherei, hundert Bewerbungen können nicht die *eine* "Ursache" erzeugen, die mich erfolgreich finden lässt.

Nicht suchen, sondern finden ist also angesagt, auch wenn dies sehr pauschal klingt, fast schon abgedroschen. Es gibt aber etwas Tieferes, das bei dem Schlagwort "finden" meist übersehen wird. Solange ich das Finden irgendwie mit mir selbst in

Verbindung bringe, eine Art eigene "Leistung" darin sehe, ist es nur der Wolf im Schafspelz – ein anderer Name für das mehr oder weniger naive Spielchen, wenn ich mit einer unterschwelligen Überheblichkeit verkünde: "Ich suche nicht mehr, *ich* finde!" Beachten Sie: Es ist immer noch das *Ich*! Ich glaube, dass die meisten Menschen in dem Irrtum leben, sie seien die (alleinigen) Gestalter ihres Lebens, die "Macher" sozusagen. Und wenn man sich die Welt so anschaut, dann streben die meisten Menschen genau danach: nach dem *Mach*baren, nach Möglichkeiten, immer mehr zu machen, mehr Geld, mehr Erfolg, mehr, mehr, mehr ...

Weil Menschen glauben, selbst *Macher* zu sein, wollen sie immer mehr *Macht*. Die Folgen dieses Strebens umspannen den ganzen Globus! Das fängt im Kleinen an, beispielsweise bei der Vorstellung, *ich* könne meinen Traumpartner, meinen Seelenpartner suchen oder finden. Das *Ich* allein ist nichts, kann nichts – es ist eine Null. Machen Sie sich keine Illusionen, diese schmeicheln nur Ihrem Ego. Wenn Sie also finden wollen, seien Sie sich im Klaren, dass Sie absolutes Neuland betreten ...

Suchen, das ist das Ausgehen
von alten Beständen und ein Findenwollen
von bereits Bekanntem im Neuen.

Finden, das ist das völlig Neue.

Alle Wege sind offen,
und was gefunden wird, ist unbekannt.

Es ist ein Wagnis, ein heiliges Abenteuer.

Pablo Picasso

⊙ ⊙ ⊙

Gott »funktioniert« nicht

Das spirituelle Wünschen, das "Bestellen beim Universum" und ähnliche Techniken positiven Denkens, über die es inzwischen zahllose Bücher gibt, machen immer mehr "die Runde". Manche Menschen erleben auf diesem Weg die Erfüllung ihrer Wünsche, viele nicht. Ich glaube, unsere Wünscherei bleibt erfolglos, solange sie noch aus dem begrenzten Ich heraus versucht wird. Solange wir weiterhin dem Irrtum verhaftet sind, *wir* könnten "machen" – in der spirituellen Version nur subtiler, nämlich mit mentaler Technik oder durch die Anwendung bestimmter Prinzipien –, funktioniert es eher schlecht als recht. Wir haben nämlich die Rechnung ohne den Wirt, sprich das Universum gemacht. Gott "funktioniert" nicht nach einer Technik – und schon gar nicht nach unseren Vorstellungen –, das Universum beruht vielmehr auf dem *Prinzip der Resonanz.*

Für mich sind alle Techniken, das Leben im Sinne der Wünsche des Ichs zu beeinflussen, ein eher egoistischer Versuch, das Universum auszunutzen. Aber glauben Sie, Gott lässt sich manipulieren, lässt sich irgendwie überlisten? Und glauben Sie, so das Beste von Gott herausholen zu können? Das Universum ist kein Befehlsempfänger und lässt sich nicht austricksen – und das ist auch gar nicht notwendig, wenn wir auf die richtige Art wünschen. Unsere Wünsche haben durchaus ihre Berechtigung und wollen anerkannt werden. Sie sind schließlich ein Ausdruck unserer Sehnsucht nach etwas Größerem, das unser Leben erfüllen soll. Wir dürfen uns also dieses Größere wünschen. Nur mit der falschen Vorstellung, es über etwas bestimmtes Äußeres, zum Beispiel einen Partner, erhalten zu können, sollten wir vorsichtig umgehen. Wir sollten uns beim Wünschen lieber gleich auf den Kern des Wunsches konzentrieren, also auf die innere Qualität, das Gefühl, das wir erleben möchten. Wir können uns zum Beispiel einfach Liebe und bereichernde Gemeinschaft wünschen. Das sind die Dinge, die von Natur aus zu unserem Menschsein gehören.

Wenn wir uns ein übergeordnetes Ziel setzen, ohne festzulegen, in welcher Form es sich verwirklichen soll, geben wir dem Universum die Chance, die bestmögliche Lösung zu liefern. Alles andere behindert nur unnötig die Verwirklichung des Gewünschten. Beim Wünschen geht es also nicht darum, etwas geistig zu erzwingen, damit es geschieht, sondern im Gegenteil: zur Seite zu treten und der Vollkommenheit des Lebens nicht länger im Weg zu stehen.

Diese Zusammenhänge sind nach meinem Empfinden sehr gut von Collin C. Tipping in seinem wunderbaren Buch *Vom Herzenswunsch zur Realität* und auf seiner CD *Schritte zur radikalen Manifestation* erklärt.

Wünsche, die in Erfüllung gehen, sind Wünsche, die in Resonanz zum göttlichen Plan stehen. Resonanz bedeutet "Mitschwingen". Solange wir meinen, das Universum *müsse* unseren Wünschen folgen, verlangen wir einseitig etwas. Bevor das Universum *mit uns* schwingt, müssen *wir mit ihm* schwingen. Erst wenn wir mit dem Ganzen, mit "Allem-was-Ist" schwingen, erst wenn wir in die Grundschwingung des Universums "eintreten", entsteht tatsächliche Resonanz, und wir erkennen die Vollkommenheit dieser Welt und des göttlichen Plans. Die Vorstellung, etwas aus dieser Welt mehr oder weniger zwanghaft herausholen zu wollen, ist uns dann fremd – weil für uns bestens gesorgt wird. Wir müssen unsere Bedürfnisse schließlich gar nicht mehr in Form von Bitten, Gebeten, "Bestellungen" und Ähnlichem einem (fernen) Gott vortragen. Gott ist in uns, wir sind eins, also "weiß" Er um alles, ehe wir Ihn darum bitten. So sagte es auch Jesus. Mit "Tricks" und "Techniken" erreichen wir nichts von Gott – aber wir sind vor Gott auch keine Bettler. Das Universum ist die Fülle, und Gott ist kein Bettelmann! Er teilt seinen Reichtum gerne mit uns - freiwillig, wenn wir Ihn nur lassen ...

Indem wir Ihn lieben, seine Erde, das Leben, das Er uns und allen anderen Wesen geschenkt hat, werden wir zu Seinen wahren Kindern und Freunden, zu Seinen Vertrauten. Unsere erste Aufgabe im Leben ist es, uns selbst zu lieben, unseren Körper und das Leben zu schätzen, dieses göttliche Geschenk - oder haben Sie das Wertvollste, Ihr Leben, vielleicht mit Geld gekauft?

⊙ ⊙ ⊙

Teamarbeit mit Gott

Kurt Tepperwein sagt, dass man das Leben entweder spielend oder gar nicht meistert. Spielend bedeutet hier: im Zusammenspiel mit dem Universum, mit Gott - also nicht im Alleingang. Es braucht die Teamarbeit mit Gott. Das Spiel des Lebens hat seine Regeln. Es sind die Regeln des Universums, nicht unsere. Je besser ich mich auf diese Lebensregeln einspiele, je mehr ich das Richtige an Gedanken und Taten als meinen Anteil an diesem Spiel einbringe, je besser ich mit Gott zusammenspiele, umso besser klappt es in meinem Leben. Nur wer folgt, hat Erfolg. Ich muss ein guter "Mitspieler meines Lebens" werden, dann kommt eine wunderbare Leichtigkeit in mein Sein, mein Leben - und alles geht (fast) wie von selbst. Mit unserer ganzen "Macherei" haben wir es uns meist nur schwer gemacht - und das völlig unnötig!

Das Leben belohnt uns wirklich nicht dafür, dass wir es uns schwer machen. Deshalb: Machen Sie es sich jetzt leicht, und holen Sie sich die Hilfe, die Sie brauchen. Die Hilfe ist da -

immer wenn wir uns Gott restlos, ohne Wenn und Aber, anvertrauen und uns in die Entfaltung des Lebens nicht länger einmischen. Das ultimative Erfolgsrezept lautet deshalb: Lassen Sie das begrenzte Ego völlig los, und bilden Sie mit Gott ein unschlagbares Team!

⊙ ⊙ ⊙

Die »Suche« können wir nicht lassen, aber sie verlässt uns ...

Letztlich können wir unsere Ziele nicht mit der Kraft des Willens erreichen, sondern indem wir uns unserer spirituellen, der göttlichen Führung und der universellen Intelligenz anvertrauen. Indem wir  darauf vertrauen, dass wir zur richtigen Zeit das bekommen, was wir brauchen. Das Loslassen und Anvertrauen ist aber kein Akt, den wir bewusst oder willentlich bewirken können. "Es" muss vielmehr mit uns geschehen. "Es" entsteht als Ergebnis einer Entwicklung, in deren Verlauf sich das Ego-Muster von uns löst und neue Glaubensmuster in unserem Unterbewusstsein integriert werden. Ich habe es immer wieder erlebt, dass sich mein Empfinden, mein Lebensgefühl im Laufe meiner spirituellen Entwicklungsreise gewandelt hat – Stück um Stück, von selbst, nicht von mir produzierbar.

Das "Loslassen der Suche" fällt nicht leicht. Wenn ich eine Begegnung mit einer Frau habe, die mir gefällt, die meine Aufmerksamkeit auf sich zieht, fällt es mir zugegeben schwer, neutral zu bleiben. Ich werde, ob ich will oder nicht, an meinen Partnerwunsch erinnert. Wenn diese "Spannung" steigt, gerate ich manchmal noch in alte Erwartungen und Vorstellungen hinein. So bleibt mir in solchen Momenten nur die liebevolle Annahme meiner Gefühle und das Bewusstsein, dass ich sie nur wahrnehmen, aber nicht mit meiner Willenskraft dagegen angehen sollte. Wollen und Loslassen sind unvereinbar. Loslassen besteht ja gerade darin, geschehen zu lassen – ohne Bewertung, ohne Einmischung des Ichs, des Willens. Das ist die Qualität der Hingabe, die wir alle lernen dürfen. Was ich dazu beitragen kann, ist, mich immer wieder neu daran zu erinnern, in "spannenden" Situationen auf die neutrale Wahrnehmung "umzuschalten", mich also bewusst zu entspannen und darauf zu vertrauen, dass sich alles von selbst so entwickelt, wie es gut ist.

Je weniger Beachtung ich der ganzen Geschichte dabei schenke, je mehr ich mich also um mich selbst kümmere, um meine Lebensfreude, um meinen persönlichen Fortschritt, umso mehr werde ich erleben, wie das innere Muster "Partnersuche" mich allmählich verlässt. Dann hat *es mich* losgelassen, und es steht dem Universum und seinen weisen Plänen nicht länger im Weg. Dann erst bin ich wahrhaft offen und bereit zu empfangen, was "es" an Gutem für mich bereithält und findet – auch den Partner, der zu mir passt, mit dem ich glücklich bin. Im Eiltempo geschieht das jedoch nicht, wir brauchen Geduld, Zeit zu lernen, aber diese Zeit ist nicht umsonst, sie ist sehr kostbar für uns – und wir haben sie!

⊙ ⊙ ⊙

Wo die Sehnsucht endet, beginnt die Erfüllung

Das Ende der Suche bedeutet lediglich das Ende der Suche. Es bedeutet nicht, seine Wünsche zu leugnen oder zu unterdrücken. Das wäre genauso das Gegenteil des Loslassens. Zu unserem Wunsch nach einer Partnerschaft dürfen wir von ganzem Herzen ja sagen. Dieses Ziel brauchen wir nicht aufzugeben. Wir sollten nur nicht länger selbst suchen oder versuchen, dieses Ziel zu erreichen. Das Universum kennt andere Wege für uns.

Alles fügt sich und erfüllt sich,
musst es nur erwarten können
und dem Werden deines Glücks
Jahr und Felder reichlich gönnen.

Christian Morgenstern

Ich habe es in vielen Lebenssituationen erlebt, wie sich Lösungen auftaten, wie Abläufe regelrecht geführt waren, sodass sich das Richtige zur richtigen Zeit ergab. Wenn ich auf meine persönlichen, entscheidenden Weichenstellungen im Leben zurückblicke, auf die Dinge, die mir zu besonderen Lebensinhalten wurden, wie mein Beruf, meine Arbeit und vieles mehr, so stelle ich durchgängig fest, dass ich diese Dinge weder aktiv gesucht noch aktiv gefunden habe. Das, was für mein Leben *wirklich* wichtig wurde, hat immer *mich* gefunden, es kam immer "zufällig" zu mir, es fiel mir zu. Mein Weg hat mich gefunden, nicht umgekehrt. Das Gute und Schöne, das Richtige hätte ich auch selbst gar nicht so perfekt für mich aussuchen können.

Wir wünschen uns eine wunderschöne Beziehung, ein "Happy End", wie man sagt. Nun, das Beste, was Sie dazu beitragen können, ist, der Partnersuche ade zu sagen; und der beste Weg zum Ziel ist, nun Ihr einmaliges Leben ganz entspannt zu leben und diese ganze "Sucherei" schlicht und einfach zu vergessen, um hier und heute "happy" zu sein - nicht erst am End(e). Dann stehen die Chancen gut, dass das "Gesuchte" zu Ihnen findet - ganz von selbst! Wo die Sehnsucht und die davon ausgehende Suche endet, beginnt die Erfüllung.

136

⊙ ⊙ ⊙

Sich selbst finden, das ist das Ziel

Letztlich besteht die Erfüllung unserer Seelenaufgabe in diesem Leben nicht im Erreichen äußerer Ziele. Es geht nicht um Partnerschaft, Erfolg, Besitz, Reichtum, es geht allein um uns selbst. Sich selbst erfahren, entwickeln, finden, das ist das Ziel. Die äußeren Dinge helfen lediglich als Erfahrungsfeld mit, uns in Richtung dieses Ziels weiterzubringen. Wir dürfen sie deshalb nicht überbewerten. Um nicht länger nur der Spielball äußerer Umstände zu sein, sondern sein Leben bewusst auf dieses eigentliche Ziel auszurichten, bedarf es eines "Umschaltens" auf andere Werte. Es geht darum, ab jetzt anders mit dem Leben umzugehen, anders an die Dinge heranzugehen.

Wayne W. Dyer, der bekannte spirituelle Lehrer, erklärt dieses "Umschalten", diesen Wandel unserer Lebenskonzepte, in seinem Film *Shift* in lebendiger Weise. Wenn wir in die *Sinnphase* unseres Lebens kommen, vollzieht sich in uns ein Wandel der Werte, der Ziele. Dann beginnen wir, das Leben anders zu sehen. Wir beginnen, das Leben zuzulassen, wir vertrauen darauf, dass sich das Leben von selbst sinnvoll, gut und richtig entfaltet. Wir lassen zu, dass das Leben seine eigenen Flügel entfaltet, leicht wie der Schmetterling, und "kriechen" nicht länger als "Raupen" herum.

Das Leben zulassen bedeutet,
nichts zu tun – und doch nichts ungetan zu lassen.

Dieser Satz ist der Schlüssel zu einem Leben aus der Quelle. Wir sind am entscheidenden Punkt angelangt: Wir lassen uns von der höheren Weisheit durch das Leben führen, wir kommen in die göttliche Führung. Wir entscheiden, wir agieren nicht mehr aus einem begrenzten Ich heraus, sondern folgen einem großartigen, perfekten "Navigationssystem", das uns zielsicher führt. Dieses Navigationssystem heißt *Intuition*.

◉ ⊙ ◉

Intuition führt auch Sie ...

Intuition bedeutet, seiner inneren Stimme zu folgen, den Impulsen und Botschaften unserer Seele zu vertrauen und danach zu handeln. Wir handeln sozusagen spontan, "aus dem Bauch heraus", und hinterfragen unser inneres Gespür, unsere Eingebungen nicht mehr. Wir suchen nicht mehr nach Gründen für oder gegen etwas, wir *tun* es. Das klingt abenteuerlich und ist es in einem sehr *positiven* Sinne auch!

Seit ich in meinem Leben, meinem Handeln die göttliche Führung über meine Intuition immer mehr zulasse, geschehen wunderbare Dinge. Die Zahl der Fügungen nimmt zu, je mehr ich der Intuition folge, vertraue und je weniger ich angstvoll versuche, das Leben zu kontrollieren. Mein Leben wird immer reicher, spannender und gesegneter. Mein Tagebuch füllt sich zunehmend mit Erlebnissen solcher Führungen. Seien es Begegnungen mit bestimmten Menschen, sei es das Gespür, bestimmte Dinge tun zu sollen, die sich dann als richtig, als erfolgreich und erfüllend erweisen.

Ein besondere Ebene, auf der wir mit der höheren Weisheit und den "kosmischen Informationsfeldern" verbunden sind, erreichen wir jede Nacht, wenn wir schlafen: unsere Träume. Jeder Traum ist eine geistige Botschaft. Sich mit unseren Träumen zu beschäftigen, kann eine Möglichkeit sein, viele Dinge besser zu verstehen. Im Traum werden Zusammenhänge erkennbar, die wir mit dem Verstand nicht oder nur ansatzweise erfasst haben. Wenn

Sie Ihre Intuition entdecken wollen, hilft es, ein Tagebuch zu führen, in dem Sie alles aufschreiben, was Sie als Führung, als Erkennen, als eigenartigen oder hilfreichen "Zufall" erleben, dazu alle besonderen Träume. Ich bin sicher, dass Sie bald vertrauter werden mit Ihrer inneren Stimme.

Unser Leben kann eine Sammlung von Dingen sein, die "schiefgelaufen" sind, nicht passen, eine Sammlung von Frust – oder eine Sammlung von Fügungen, von Dingen, die gut laufen, die passen.

Ein Beispiel von vielen sind für mich meine Urlaubsreisen. Ich mache mir inzwischen schon keine Gedanken mehr darüber – alles läuft gut. Ich staune nur über das, was geschieht: Ich bekomme im Flugzeug den Platz, den ich gerne hätte, oder eine ganze Sitzreihe für mich allein in einer vollbesetzten Maschine, wenn ich das brauche; im Hotel habe ich ein wunderbares Zimmer mit Terrasse, Balkon oder Meerblick, obwohl ich es gar nicht gebucht, nicht bezahlt habe. Ich habe fast immer gutes Wetter und befinde mich zum Beispiel "zufällig" genau in dem Bereich, der als einziger von einem europaweiten Schlechtwettergebiet verschont wird – und, und, und …

Dass auf Reisen genauso gut auch Verkettungen von Dingen geschehen können, die einem alle Freude am Urlaub nehmen, ist hinreichend bekannt. Wir können versuchen, die Umstände zu kontrollieren, indem wir vorab Plätze reservieren, Aufpreise bezahlen, uns beschweren, reklamieren, schimpfen oder um etwas kämpfen, wenn es nicht klappt. Oder wir können vertrauen und geschehen lassen. Ich habe immer nur das Letztere getan, ich habe meist wenig oder gar nichts "Äußeres" getan, aber das "Innere" nicht ungetan gelassen.

Spüren auch Sie in sich hinein. Intuition hat jeder. Sie brauchen lediglich die Bereitschaft dafür, offen zu sein, darauf zu "hören" –

und den Mut, das Vertrauen, ihr tatsächlich zu folgen. Das wird anfangs noch zaghaft und unsicher sein. Fangen Sie mit "kleinen" Dingen an. Mit wachsender Erfahrung wächst Ihr Vertrauen, dieser leisen inneren Stimme zu folgen.

Die Erfolge, die Sie nach und nach erleben werden, ziehen dann ganz automatisch weitere Erfolge an. Die Intuition, Ihr Leben wird allmählich zum "Selbstläufer" - in Ihrem Leben wird immer mehr wie von selbst laufen.

◎ ⊙ ◎

… über »Stromschnellen« …

Manchmal wird unser Glaube, unser Vertrauen regelrecht auf die Probe gestellt. Es sind die "Stromschnellen" im Fluss des Lebens. Das ging mir in einem Urlaub so. Ich hatte beim Ausmisten meiner Computerdateien "zufällig" einen Link auf eine Internetseite gefunden und bekam den Impuls, diese Seite wieder mal zu besuchen. Es handelte sich um ein Reiseangebot, und ich fand genau *die* Reise, die ich seit Jahren im Hinterkopf hatte - und das auch noch zu einem interessanten Preis. Ich bekam das klare "Ja" in mir und habe sofort gebucht. Später habe ich erfahren, dass die Reise nur kurze Zeit so preisgünstig angeboten wurde und auch nicht in den Katalogen des Anbieters abgedruckt war.

Jedenfalls war ich schon voller Vorfreude auf diesen Urlaub, als dann unerwartet die negative Nachricht kurz vor der Abreise kam: Das vorgesehene Hotel in einem kleinen, ruhigen Ort am Meer stand nicht zur Verfügung, und der Veranstalter hatte uns auf ein anderes Hotel mitten in der Hauptstadt der Insel umgebucht. Für mich als Naturfreund, der die Stille liebt, alles andere als das, was ich mir gewünscht hatte. Ein läppischer Gutschein für eine Massage und die Nutzung des Spa-Bereichs im Hotel konnte diesen Nachteil niemals ausgleichen. Trotz alledem – ich hatte das Gefühl, *diese* Reise machen zu sollen! Also habe ich mich auf die Situation im Vertrauen eingelassen, dass es möglich sein würde, "irgendwie" etwas Gutes daraus zu machen.

Das Hotel war furchtbar – mitten im Verkehrslärm und Gestank der Stadt, architektonisch hässlich, die Zimmer zwar optisch ansprechend, aber sie luden nicht zum Wohlfühlen ein. Ich wusste nur eins: Hier halte ich es keine zwei Wochen lang aus. Wo war nur die göttliche Führung geblieben? Meine Intuition war doch klar gewesen. So rang ich tagelang um eine Lösung.

"Zufällig" hatte ich bei der Ankunft am Flughafen den Reiseleiter getroffen, den ich bei einem früheren Aufenthalt auf der Insel kennengelernt hatte, und ein paar Worte mit ihm gewechselt. So wusste ich, dass er gerade für diese zwei Wochen eine Wandergruppe betreute – in einem wunderbar ruhig gelegenen, kleinen Hotel, das ich kannte, im ursprünglichen Westen der Insel. Dies brachte mich auf den Gedanken, das Hotel zu wechseln und den restlichen Urlaub dort zu verbringen. Nach ein paar Tagen stand mein Entschluss und "Umzugstermin" fest ...

◉ ◉ ◉

... über Stufen ...

Nun wusste ich noch nicht, wie ich mit dem Gepäck in den anderen Teil der Insel kommen sollte. Ein Taxi zu nehmen, war die wohl einzig realistische, aber auch kostspielige Möglichkeit.

Aber wenn wir einen inneren Entschluss gefasst haben und bereit sind, alles Notwendige für dessen Umsetzung zu tun, hilft uns das Leben oft auf unerwartete Weise. Wir werden dann meist nicht bis zum Letzten gefordert: "Es wird nicht so heiß gegessen, wie es gekocht wurde."

Die göttliche Führung hat auch hier bestens für mich gesorgt. Ein Paar aus meiner Reisegruppe hatte sich nämlich "zufällig" genau für meinen "Umzugstag" einen Mietwagen genommen, um eine Inselrundfahrt zu machen. Warum also nicht Richtung Westen starten? Und so haben mich die beiden einfach zu meinem neuen Hotel gefahren. Ich habe mein "Taxi" bekommen, perfekt und sogar kostenlos. Der Aufenthalt am neuen Ort, das gemütliche Hotel, die Gemeinsamkeit der netten kleinen Wandergruppe, die Naturschönheit dieses Gebiets – all das machte die restlichen Tage zu einen rundum wunderbaren Urlaub. Ich bin selten so vollkommen zufrieden, so tief erfüllt von einer Reise nach Hause gekommen. Und alles nur, weil ich mich bedingungslos meiner Intuition hingegeben habe ...

Es gibt natürlich immer noch Dinge in meinem Leben, die tatsächlich nicht so laufen, wie ich es mir denke, es erwarte. Das liegt aber nur an meinen Erwartungen, meinen Vorstellungen, während das Universum möglicherweise andere, bessere Pläne hat. Unsere Entwicklung verläuft in Stufen, und wenn es darum geht, auf unserem Weg eine weitere Stufe hinaufzusteigen, kommen wir an Punkte, die "Prüfungen" darstellen. Es sind "Reibungspunkte" mit unseren unbewussten, alten Lebensmustern, die jetzt wieder ein Stück überwunden werden wollen. Um sie zu überwinden und hinter uns lassen zu können, werden wir nochmals intensiv mit ihnen konfrontiert. Das habe ich in den vorangegangenen Kapiteln bereits erwähnt. Es ist so, dass wir, bevor wir frei nach oben steigen können, nochmals ins Dunkel der alten Muster zurückgehen müssen, um sie vollends aufzulösen. Wenn es auf unserem Wandlungsweg also zu heftigen Prüfungen kommt, sollten wir uns bewusst sein, dass wir in Wahrheit dabei sind, Altes hinter uns zu lassen und *ins Licht* zu gehen ...

Nachdem ich endlich die Suche nach einer Partnerin aufgegeben sowie meine Erwartungen losgelassen hatte und tatsächlich bereit war, "mich finden" zu lassen, wenn und wann es richtig ist, hatte ich auch prompt Begegnungen mit interessanten Frauen. Super, dachte ich in naiver Begeisterung, die "Führung" funktioniert ja tatsächlich. Aber hier deutete ich doch zu viel in die Ereignisse hinein und musste hinterher erkennen, dass ich im Grunde wieder in die alte Falle der Überheblichkeit geraten war. Es war natürlich sehr spannend zu erleben, wie die Führung sich nun entfaltete und mich mit Frauen zusammenbrachte. Das Problem war allerdings, dass ich ungewollt unter den Druck einer "neuen" Erwartungshaltung geriet. Ich erwartete, dass die Führung sich so fortsetzen würde, wie ich es mir vorstellte, und mischte mich damit wieder ins Leben ein. Das Ergebnis können Sie sich denken. So bewege ich mich eben "unvollkommen" wie jeder von uns über die Stufen meiner Entwicklung hinweg, manchmal eher stolpernd, aber doch weiter ...

Eines hilft mir dabei: Ich weiß, ich *bin* auf dem Weg, mitten auf meinem persönlichen Weg hin zu einem intuitiven, geführten Leben. Ich bin auf dem Weg zur Verbindung mit der Quelle, meinem Weg zur allumfassenden Einheit. Kein Zweifel: Genau diesen Weg will ich gehen.

⊙ ☉ ⊙

... zielsicher im Fluss des Lebens

Ein Teil des Weges liegt bereits hinter uns, ein anderer Teil liegt vor uns. Wir sind heute so weit bei uns selbst, unserer Liebe, unserer Freude, unserer Mitte, unserer Verbundenheit mit dem Sein angekommen, wie wir es bisher erfahren und umsetzen konnten. In Wahrheit sind wir immer auf dem richtigen Weg. Die Dinge sind nicht so, wie sie scheinen. Deshalb dürfen wir vollkommen zu Recht zuversichtlich sein, dass wir allzeit zielsicher, mitfühlend und in aller Liebe vom Universum geführt werden und dass der Fluss des Lebens uns trägt – wenn wir es nur zulassen.

Die Liebe, die wir in uns tragen und finden können, ist größer als alles, was wir bisher kannten. Sie wartet darauf, wiederentdeckt, gefühlt und erlebt – gelebt – zu werden. Diese Liebe ist in der Lage, alles zu heilen, unser aller Leben, die ganze Welt zu wandeln und unsere Beziehungen auf einer neuen Grundlage zu entfalten.

⊙ ☉ ⊙

Entdecken Sie Ihr Leben

"Um das Leben zu verstehen, braucht man Jahrzehnte", sagte ein Pfarrer in seiner Predigt, und ich kann ihm nur beipflichten. Es ist meist um die Lebensmitte, dass wir beginnen zu erkennen, worum es in unserem Leben geht. Wenn wir irgendwann verstehen, dass es nicht die Erfüllung der äußeren Wünsche ist, die uns glücklich macht, wenden wir uns allmählich unserem eigentlichen, wahren Ziel zu – uns selbst.

Die größte Entdeckung, die Sie im Leben machen können, sind Sie selbst! Solange wir im Außen suchen, sind wir die Raupen, die noch nicht wissen, welcher Schmetterling in ihnen auf seine Geburt wartet, welche einzigartige Schönheit, welche geradezu überirdische Farbenpracht in ihnen schlummert. Wenn Ihr Leben in die "Sinnphase" kommt, wird es Ihnen nicht mehr wichtig sein, dass sich die Dinge genauso gestalten, wie Sie sie aus eigener, begrenzter Vorstellung heraus entworfen haben. Denn das Leben hat eine andere, besondere Art und Weise, Sie auf Ihren Weg zu schicken. Sobald Sie lernen, ihm zu folgen, werden Sie zum Entdecker, zum Finder Ihres Lebens. Dann werden Sie sich bei allem fragen:

"Welches Geheimnis, welche Einzigartigkeit des Lebens steckt in mir? Was hat Gott mit mir vor, was möchte er mir auf dem Lebensweg schenken? Was will ein unfassbar großes, unendliches Universum gerade durch mich zum Ausdruck bringen, was will sich durch mich in dieser Welt entfalten?"

Wenn dieser Grundgedanke zur Richtschnur Ihres Lebens geworden ist und Sie beginnen, Ihrer tiefen, inneren Bestimmung zu folgen, wird auch Ihr Leben ein spannendes Abenteuer, eine faszinierende Entdeckungsreise werden, eine reiche, großartige Zeit hier auf diesem wundervollen Planeten Erde. Sie werden sich täglich neu entdecken und voll Dankbarkeit auf Ihren Weg zurückblicken können. Ich betone es abschließend nochmals: Es gibt keine Begrenzungen, wir sind *unendliche, freie Geschöpfe* in einem *liebenden Universum.* Was wir erleben, ist allein unsere Wahl.

Alles Gute für Ihren persönlichen Weg!

⊙ ☉ ⊙

Echte Begegnung

Ich möchte dich lieben, ohne dich einzuengen,
dich wertschätzen, ohne dich zu bewerten,
dich ernst nehmen, ohne dich auf etwas festzulegen,
zu dir kommen, ohne mich aufzudrängen,
dich einladen, ohne Forderungen an dich zu stellen,
dir etwas schenken, ohne Erwartungen daran zu knüpfen,
von dir Abschied nehmen, ohne Wesentliches
    versäumt zu haben.

Ich möchte dir meine Gefühle mitteilen,
ohne dich für sie verantwortlich zu machen,
dich auf etwas hinweisen, ohne dich zu belehren,
dir helfen, ohne dich zu beleidigen,
mich um dich kümmern, ohne dich verändern
    zu wollen,
mich an dir freuen, so wie du bist.

Wenn ich von dir das Gleiche bekommen kann,
dann können wir uns wahrhaft begegnen
und uns gegenseitig bereichern.

Frei nach einem Wandspruch
in einem englischen Souvenirladen

Nachwort

Meine Geschichte ist noch nicht zu Ende – ich stehe mittendrin. Was mich an meinen Erfahrungen selbst erstaunt, ist, dass – so wie meine Sehnsucht nach Liebe und nach dem DU heilen durfte – die Liebe ganz von selbst in mir Raum gefunden hat und mich immer mehr erfüllt. Und dass diese Liebe ganz entgegen meinen früheren Erwartungen gar nicht von einer Partnerschaft abhängt.

Was ich beschrieben habe, dieses Fließen von Liebe aus der *einen*, inneren Quelle, die Veränderung des Fühlens, der Wahrnehmung, der Einsichten, können Sie letztlich nur selbst erfahren, indem *Sie* sich auf den Weg machen. Ich sage es nochmals: Diesen Weg zu gehen, kann Ihnen kein Buch, kein Seminar, kein Mensch abnehmen. Das ist Ihre eigene, große – großartige – Aufgabe.

Wenn ich Ihnen mit diesem kleinen Buch aber etwas aufzeigen konnte, was auch Sie zu dieser wunderbaren, umfassenden Liebe führt, dann war es wert, geschrieben worden zu sein. Dann freue ich mich mit Ihnen!

Danksagung

Mein Dank gilt allen, die meinen Entwicklungsweg begleitet und ihn direkt oder indirekt gefördert haben – meinen Partnerinnen, vielen guten Freunden und insbesondere meinen geliebten Eltern.

Mein Dank gilt allen in Liebe dienenden sichtbaren und unsichtbaren Helfern, die mir gerade in den schweren Zeiten meines Weges treu zur Seite standen. Dank für eure liebende Bereitschaft, mir zu helfen, wann immer ich Hilfe brauche.

Dank sei Gott und allen Wesen.

Bücher und Filme

Die folgende kleine Auswahl umfasst einige Bücher und Filme, die mir auf meinem Weg Erkenntnis, Anregung sowie Hilfe waren und sind.

⊙ ⊙ ⊙

Bücher

Grün, Anselm: *50 Engel für das Jahr. Ein Inspirationsbuch*, Herder 2012.

Harris, Joshua: *Ungeküsst und doch kein Frosch. Warum sich warten lohnt – radikale neue Einstellungen zum Thema Nr. 1.* Aus dem Englischen von Meike Grabowski, Gerth 2009.

Liedloff, Jean: *Auf der Suche nach dem verlorenen Glück: Gegen die Zerstörung unserer Glücksfähigkeit in der frühen Kindheit.* Aus dem Englischen von Eva Schlottmann und Rainer Taëni, Beck 2009.

Tipping, Colin C.: *Vom Herzenswunsch zur Realität: Mit spiritueller Intelligenz Träume erfüllen*, Kamphausen 2007.

Tipping, Colin C.: *Schritte zur Radikalen Manifestation* / CD: Die CD zum Buch "Vom Herzenswunsch zur Realität", Kamphausen 2007.

⊙ ⊚ ⊙

Filme

Busse, Thomas: Der Wunderapostel, www.eich-verlag.de

Dyer, Wayne W.: Shift. Das Geheimnis der Inspiration,
   www.allegria-verlag.de

Hay, Louise L.: You Can Heal Your Life, www.allegria-verlag.de

Mohr, Bärbel: Cosmic Ordering, www.allegria-verlag.de

Redfield, James: Die Prophezeiungen von Celestine,
   www.celestinederfilm.de

Schmidt, Anya: Pachkútec – Zeit des Wandels, www.pachakutec.com

Über den Autor

Fritz Weber, geb. 1958, beschäftigt sich neben seiner naturwissenschaftlich-technischen
Berufstätigkeit seit vielen Jahren mit ganzheit-
licher Heilung, Psychologie, Meditation, Spiritualität und übergeordneten Natur- und Le-
bensprinzipien. In Gruppen und auf spirituell
geführten Naturwanderungen gibt er dieses
Wissen auch an andere weiter.

Seine schriftstellerische Arbeit versteht sich
als Essenz persönlicher Erfahrung universeller Lebenswahrheiten, von
denen weise Menschen aller Kulturen und Zeiten sprechen.

336 Seiten, Klappenbroschur
ISBN 978-3-89845-385-1
€ [D] 18.95

Allan G. Hunter

Die 6 Archetypen der Liebe
Vom Unschuldigen zum Magier

Die Rolle der Liebe im Leben verstehen – für viele ist das ein nur schwer greifbares Thema. Allan G. Hunter nähert sich ihm über die sechs Archetypen, die jeder Mensch im Laufe seines Lebens durchläuft und die alle mit einer bestimmten Form der Liebe verbunden sind. Begleiten Sie den Autor auf seiner Reise zur Liebe, die sowohl Station macht bei den alten Weisheiten des Tarots wie auch bei Liebespaaren aus dem alltäglichen Leben. Allan G. Hunter verknüpft gekonnt Popkultur mit mystischem Wissen und verrät Ihnen, wie unterschiedliche Liebestypen sich verhalten – sowohl innerhalb als auch außerhalb des Schlafzimmers. Entdecken Sie, wie Sie die Liebe finden und sie erfolgreich in Ihrem Leben halten.

184 Seiten, 2 fbg., broschiert
ISBN 978-3-89845-355-4
€ [D] 14.90

Dr. phil. Georg Rupp

Befreiung aus dem Hin & Her des Lebens
Lass dein Herz entscheiden

Der Psychologe Dr. Georg Rupp lädt Sie ein, sich auf das Wesentliche zu besinnen, auf das, was wirklich wichtig ist. In unserer Überflussgesellschaft hindern uns die endlosen Wahlmöglichkeiten oft daran, die richtigen Entscheidungen zu treffen.
Dieser Ratgeber der besonderen Art zeigt, wie Sie das ewige gedankliche Hin und Her abschalten und auf Ihr Herz hören können, wo die Antworten leicht zu finden sind. Der Autor erklärt, wie Sie in sechs einfachen Schritten zur richtigen Entscheidung gelangen. Das gilt für Beruf, Karriere, Familie und Liebe, für das ganze Leben.

384 Seiten, broschiert,
durchg. farbig
ISBN 978-3-89845-300-4
€ [D] 16.90

Wayne W. Dyer

365 Quellen der Inspiration

Lebe deine Inspiration!
Wayne W. Dyer, der weltweit bekannte Lebensberater, hilft Ihnen, Ihre Inspiration bewusst zu aktivieren, damit sie zu einer kraftvollen Energie in Ihrem Leben werden kann. Die Botschaft dieses Buches ist klar: Inspiration ist für alle da. Sie ist nicht reserviert für Einzelne, sondern Ihr Geburtsrecht, man muss sie erfahren und erfühlen.
Jede Seite dieses wahrhaft inspirierenden Buches bringt Sie einen Schritt näher an ein Leben, in dem Tag für Tag mehr Wunder wahr werden ...

232 Seiten, Klappenbr.
ISBN 978-3-89845-288-5
€ [D] 14.90

Eileen Caddy & David Earl Platts

Die Tore zur Liebe öffnen

Ein Findhorn-Buch

Wir alle sind mit der Fähigkeit geboren, uns selbst und andere zu lieben. Schmerzvolle Erfahrungen haben jedoch dafür gesorgt, dass viele von uns innere Schutzwälle errichtet und Ängste, Überzeugungen und Verhaltensweisen entwickelt haben, um diese inneren Barrieren aufrechtzuerhalten. Die wichtigste Lektion im Leben ist es daher, wieder lieben zu lernen …
Dieses Buch lädt Sie ein, die freie Entscheidung zu treffen, mehr Liebe in Ihr Leben zu bringen, und es hilft Ihnen, diese Entscheidung Schritt für Schritt klar und entschlossen umzusetzen.

248 Seiten, broschiert
ISBN 978-3-89845-306-6
€ [D] 14.90

Richard Webster

Magische Liebessymbole

Düfte · Edelsteine · Blumen · Farben · Tarot

Magische Symbole der Liebe und Romantik sind Ausdruck von Gefühlen und Emotionen. Von Perlen bis Granatäpfel oder von Wodka bis Venus – dieses Buch führt Sie durch die Geschichte der Liebesikonografie und verrät, wie Sie mit der kraftvollen archetypischen Energie der Symbole Ihr Leben mit Romantik, Leidenschaft und dauerhafter Liebe bereichern können.
Einfache Anleitungen zeigen Ihnen, wie Sie Ihr Liebesleben mit Hilfe dieser Sinnbilder durch Meditation, Traumarbeit und Zauberei auf eine neue Ebene heben können.

80 Karten, in Box
EAN 4260075280264
€ [D] 8.95

Kurt Tepperwein

Liebes-Karten

Die Liebes-Karten sind wunderbare Begleiter im Alltag und frohe Botschafter des WAHREN LIEBENS. Sie erhellen das Leben mit Freude, Glück und Liebe.
Die »Liebes-Karten« können einzeln oder zusammen mit mehreren Partnern gespielt werden.
Lass dein neues LIEBESBEWUSSTSEIN in und aus dir leuchten.

152 Seiten, broschiert
ISBN 978-3-89845-266-3
€ [D] 6.95

Franziska Krattinger

Die 7 universellen Gesetze

Spielregeln für ein Leben in Vielfalt

Das Leben folgt universellen Gesetzen. Wer diese begreift, kann sich alle Lebensformen, Situationen und Realitäten erklären. Diese universellen Gesetze gelten auf allen Ebenen und in allen Bereichen. Niemand kann sich ihnen entziehen.

Dieses Handbuch vermittelt durch praktische Übungen und gelebte Beispiele aus dem Alltag die entscheidenden Spielregeln für ein Leben in Fülle! Es zeigt, wie man seine Kraft am besten einsetzt, um seine Ziele stets zu erreichen. Die beschriebenen Gesetze gelten für alle – und wer sie beherrscht, ist somit Herr über seine Realität.

168 Seiten, Klappenbr.
ISBN 978-3-89845-152-9
€ [D] 10,90

Franziska Krattinger

Ein Wort genügt!

... sich einfach umprogrammieren

Schalten Sie einfach um – Manchmal genügt ein einziges Wort, um verborgene Haltungen ans Licht zu bringen oder Einstellungen zu ändern. Dabei gibt es spezielle Worte, die gleichsam eine magische Wirkung haben, da sie die Schlüssel zu unserem Unterbewusstsein sind: Schaltworte.

Schalten Sie einfach um – und beobachten Sie die Veränderungen in Ihrem täglichen Leben, ohne dass Sie bewusst daran denken oder eine Vorstellung der Lösung haben müssen. Nutzen Sie die Kraft, eine Situation augenblicklich im besten und idealen Sinn zu verändern.

256 Seiten, broschiert
ISBN 978-3-89845-325-7
€ [D] 14.90

Gabriele Weck

Entdecke den Engel in dir

Dieses außergewöhnliche und spannende Engelbuch zeigt, wie einfach es sein kann, die Leichtigkeit in sich selbst wiederzufinden. Eigentlich existieren viele Probleme nur, weil man sich nicht vorstellen kann, dass es eine simple Lösung gibt.

Mit vielen Praxisbeispielen, Erfahrungsberichten und Übungen führt dieses Buch dich dahin, Leichtigkeit und Schwung zu tanken und darüber zu staunen, wie einfach und schön das Leben sein kann, wenn man wieder an sich selbst und an seine Impulse glaubt.

Der Engel in dir führt dich sicher wie ein Navigationssystem, so dass du deinen eigenen Weg zur Verwirklichung deiner Wünsche findest.

192 Seiten, broschiert
ISBN 978-3-89845-393-6
€ [D] 14,95

Gabriele~Saskia Drungowski

Das Beste für dich
Der Weg vom Unbewussten zum Bewussten

Dieses Buch öffnet die Tür zu unseren innersten Räumen. In diesen Räumen erfahren wir Erstaunliches über uns selbst, unsere Beziehungen und unsere Familie und erkennen uns selbst. Wir verstehen, dass wir selbst verantwortlich sind für unser Leben, und mit diesem Verständnis können wir nicht nur unser eigenes Leben in die Hand nehmen, sondern auch die Welt verändern. Die praktischen Anleitungen und abwechslungsreichen Übungen und Meditationen unterstützen uns dabei zu begreifen, wer wir eigentlich sind. Mit diesem Wissen stehen wir am Anfang einer ungeahnt tiefen Bewusstheit, die alles umfasst, was wir für unseren Leben und unsere eigenen Weg benötigen.

240 Seiten, broschiert
ISBN 978-3-89845-354-7
€ [D] 14,90

Alexander Sviyash

Ab heute bin ich Glückskind
Leben ist das, was ich will

Sie können jederzeit zu einem wahren Glückskind werden und alles haben, was Sie sich wünschen. Es kommt nur auf Sie an! Alexander Sviyash verrät, wie sich Ihr Leben dank seiner Sensible-Life-Methode selbst unter den schwierigsten Bedingungen drastisch zum Besseren wendet. Mit ihr werden Sie zu einem Glückskind – und Ihre Ziele erreichen Sie zukünftig mit wenig Mühe. Das mag wie ein Wunschtraum klingen, aber es ist eine unumstößliche Tatsache, von der Sie profitieren können, wenn Sie es nur zulassen ...

160 Seiten, broschiert, 2-fbg
ISBN 978-3-89845-302-8
€ [D] 14,90

Petra Schmidt-Decker

52 Verträge mit mir selbst
Das Geheimnis der Gewinner

52 VERTRÄGE MIT MIR SELBST wirken wie eine unerwartet positive Nachricht: Sie bekommen bereits beim Lesen gute Laune, werden zuversichtlich, strahlen aus, dass auch Sie das Gewinner-Gen in sich tragen. Dieses Buch zeigt Ihnen, wie Sie es aktivieren können. Das lang gehütete Geheimnis, wie man Angst, Unsicherheit, Niedergeschlagenheit in Zuversicht, Optimismus, Lebensfreude, in Mut, Energie und Anerkennung umwandelt, wird hier zum ersten Mal gelüftet.

Weiterführende Informationen zu
Büchern, Autoren und den Aktivitäten
des Silberschnur Verlages erhalten Sie unter:
www.silberschnur.de

Sie können uns alternativ den
Antwort-Coupon aus dem beiliegenden
Lesezeichenflyer zusenden.

Ihr Interesse wird belohnt!